Jorge Enrique Aiello

EL OÍDO DEL CORAZÓN

Reflexiones sobre
la escucha evangélica

NARCEA, S.A. DE EDICIONES

Editado y distribuido por:

© NARCEA, S.A. DE EDICIONES, 2025
Paseo Imperial 53-55. 28005 Madrid. España
www.narceaediciones.es

Imágenes: Shutterstock y Pixabay

ISBN: 978-84-277-3321-3
Depósito legal: M-20223-2025

Impreso en España. Printed in Spain

© Agape libros (Todos los derechos reservados)
www.agape-libros.com.ar

ÍNDICE

PRÓLOGO

Querido lector: este sencillo libro, que llega a tus manos, es el resultado y la maduración de una experiencia que cumple más de veinte años de vida: la "Escuela de Ministros de la Escucha".

Su génesis surge de una necesidad apremiante de este mundo y de esta cultura que ha ido globalizando la indiferencia, como nos recordaba el Papa Francisco.

La Iglesia como Madre y Maestra, a ejemplo de María en las bodas de Caná, fue viendo a lo largo de la historia las *urgencias* de los hombres en cada momento de la vida. Así surgieron los ministerios o servicios a los enfermos, a la educación; la asistencia material y otros. Siempre dio impulso a las tareas que demandaban los tiempos y alentó a sus fundadores, tras comprobar el vacío o el desentendimiento del mundo temporal y sus instituciones. Una de las carencias de este tiempo es la falta de escucha y, como consecuencia, la ausencia o deterioro en el diálogo entre los hombres.

Nadie escucha. Se han cerrado los oídos, han aumentado las interferencias o escuchamos solamente lo que es de nuestro interés. Al no escucharnos, nos vamos alejando unos de otros, nos vamos desconociendo. Y la preocupación es aún mayor cuando esto ocurre en el ámbito más estrecho de nuestros afectos: la pareja, la familia, los amigos.

La pérdida de interés en escucharnos nos lleva al más alto grado de egoísmo: "el otro no me interesa", lo que le pasa es totalmente ajeno a mí y a lo mío. El hombre de hoy se va encerrando cada vez más en lugares estancos, vacíos, que pretende llenar con cosas. De manera equivocada cree que se encierra en sí mismo, pero solo logra quedar *atrapado* por sus cosas.

La falta de escucha lleva a la fragmentación, nos aleja de toda posibilidad de acercamiento, de inclusión, y nos impide elaborar diálogos sanos. La falta de escucha nos impide pasar a la reflexión y a la respuesta que espera el otro; y malogra el encuentro, dejando como resultado el desencuentro.

La falta de escucha no es solo con un interlocutor que tenemos enfrente en situaciones concretas, para lograr un fin determinado o esperado, sino también hacia nosotros mismos, porque dejamos de atender nuestras demandas más profundas. El hombre contemporáneo no se escucha a sí mismo, no hace silencio para lograrlo.

8

Además, podemos afirmar que esta falta de escucha llega incluso a cerrar nuestro oído a la trascendencia, ya que no queda el espacio necesario para escuchar a Dios.

En lo personal, me tocó dar comienzo a las "Escuelas" de la mano y supervisión de por aquel entonces obispo Jorge Mario Bergoglio, luego papa Francisco; y hoy tengo el honor y el placer de prologar este libro de autoría del profesor Jorge Aiello, amigo y sucesor en la dirección de las "Escuelas de Ministros de la Escucha".

Este libro es un desafío y una provocación para *ser servidores* del otro, –para nosotros el hermano–, es una advertencia a no caer en profesionalismos y en ser hábiles manejadores de técnicas para cumplir la tarea. La escucha cristiana desde el Evangelio se hace solo desde el corazón, desde la hondura del ser "donde habita Dios", y es ahí donde llevo todo lo que me dice el hermano. Y la tarea continúa ayudándolo a encontrar las respuestas que Dios depositó en la profundidad de su ser donde habita el Verbo que es el único que tiene la palabra.

El autor nos invita a ejercer este ministerio evangélico en el ámbito de nuestra esencia que es *el amor,* ya que fuimos creados a su imagen y semejanza.

Me atrevo a decir que, si aceptamos el desafío, dejaremos el protagonismo para ser simples y asombrados testigos del diálogo entre Dios y mi hermano.

Gracias, querido Jorge, por no guardarte los talentos que nuestro Buen Dios te confió y hoy todos disfrutamos.

P. JUAN CARLOS GIL
DIRECTOR
ESCUELA DE MINISTROS DE LA ESCUCHA

PRESENTACIÓN Y AGRADECIMIENTOS

*"Nos hablas al oído interior
y clamando rompes nuestra sordera".*
SAN AGUSTÍN

Querido lector; este sencillo libro, que llega a tus manos es el resultado y la maduración de una experiencia que cumple veinte años de vida: la "Escuela de Ministros de la Escucha". Estas reflexiones son apenas un puñado de posibilidades de exploración para un tema apasionante como es el de *la escucha*, aun cuando no lo parezca o se lo desmerezca, como algo casi tan fácil y cotidiano que no requiere pensarse.

Anteriormente he publicado un primer texto, *Hacia una escucha evangélica*, que llevó como subtítulo *Aproximación teológico-pastoral*. Aquel libro respondió a la intención de bosquejar un recorrido teológico posible para entender el ejercicio de la escucha desde la fe cristiana, eran aproximaciones con sentido más bien programático de quien deja algunas líneas para una eventual "teología de la escucha". Sin querer ser pretencioso, quise simplemente dejar algunos elementos para construir esa teología, tarea que otros podrán continuar.

En estas páginas se trata de otro contenido, no para un ensayo teológico, sino para la *meditación* de quienes intentan el ejercicio de la escucha, pinceladas sobre ese lienzo de la escucha que pretende dignificar al que es oído. Un lienzo tan extenso que esta pintura será siempre incompleta, ¡es tanto lo que se puede aportar!

Muchas veces he tenido la tentación de desechar lo escrito, y poco a poco fui descubriendo mi camino en círculos, los giros y los dichos fueron surgiendo solos y todo da vueltas casi en torno a lo mismo: el intento por descubrir esa fuente del corazón que es desde donde escuchamos de verdad al Señor y a los hermanos.

En honor a la verdad, este libro podría ser un cuaderno de hojas anilladas, un fichero para completar, justamente por eso de que hay mucho por agregar. Y todos los que ejercen el ministerio de la escucha podrían sumar sus reflexiones y sus experiencias. Es necesario agradecer a todos los que con su participación en la "Escuela de Ministros de la Escucha" de la Arquidiócesis de Buenos Aires, me dieron su aporte para pensar y formular estas líneas.

Aprendí mucho de los profesores con su enfoque particular y su riqueza personal, a quienes he tenido la ventaja de poder *espiar*, ¡sí!, *espiar* uno a uno en sus clases virtuales durante la pandemia; entonces intenté estar en todos los encuentros, percibir sus acentos, disfrutar con sus miradas y descubrir el tesoro que lleva cada uno.

También he incorporado reflexiones de los alumnos que han pasado por mis aulas presenciales o virtuales dejando su semilla, formulando sus preguntas y presentando sus pareceres.

Es maravilloso ser profesor en esta escuela, ¡alguien tiene que decirlo! Luego de varios años de actividad docente en diferentes ámbitos, debo confesar que este es particularmente distinto: aquí se trata de aprender a escuchar, de comprender quién es el otro y ponderar su dignidad, de percibir la voz de Dios que nos habla, y de maravillarnos porque Él mismo se dedica a escucharnos, pero todo eso *no es meramente aprendizaje: ¡es un acontecimiento!*, en efecto: *en el aula de la escucha nos escuchamos y nos decimos*. El diálogo entre las personas es un modo de escucha, y luego, en el silencio, permanece el eco interior que genera cada encuentro.

Agradezco al Padre Juan Carlos Gil porque me recibió en la Escuela sin siquiera conocernos, y con quien hoy puedo decir que somos amigos de verdad, en el Señor. Hemos conversado muchas veces de la vida de cada uno, nos hemos escuchado mutuamente, sin duda él ha visto cosas en mí que yo todavía no descubro. Estoy seguro de su calidad humana y de su caridad cristiana, su discernimiento de espíritus y su oración, todo lo que lo hace un cristiano sin par, aunque él niegue toda esa riqueza. Particularmente agradezco a Juan Carlos el prólogo de este texto.

También agradezco al colega profesor Sergio Barbieri, quien ha dedicado su tiempo con suma paciencia para revisar estas páginas y sugerir oportunísimas correcciones, tales que –de no ser por él– este librito sería indigesto para muchos.

Y ¡nuevamente! a Susana Delliquadri, quien con su atenta delicadeza revisó estas líneas y me transmitió sus impresiones y comentarios.

El libro acaba en doce capítulos porque me pareció bien ponerle fin, el número es sugerente, y podría no acabar nunca, como dije: agreguen todo lo que les parezca, yo volveré a leerlo con gusto.

JORGE ENRIQUE AIELLO

¿EXISTE
UNA ANTINOMIA?

*"La escucha es una acción radical
de despojarse ante el otro y ante Dios"*[1].
CARDENAL GRECH

En la Iglesia solemos hablar de muchos temas como si fueran exclusivos de nuestro ámbito. En verdad, todos los temas de la vida del hombre y del mundo de su tiempo deben importarnos, pero debemos ser cuidadosos, y tener respeto por los conocimientos y experiencias ya logradas, y por todo lo que ocurre más allá de las fronteras eclesiásticas, sean ámbitos religiosos o netamente seculares.

Con el tema de *la escucha* ocurre algo así. Existe una gran cantidad de profesiones, oficios y situaciones para las cuales la escucha es una herramienta de trabajo o al menos la circunstancia necesaria para la relación entre partes.

Así, todos reconocemos la existencia de las escuchas de diván, de escritorio, de consultorio, de estudio y, en fin, todos los profesionales y todos los especialistas en algún oficio, quienes deben oír a sus

---

[1] Discurso en la reapertura del Sínodo de Obispos, Roma, 30/09/2024.

clientes, entender sus necesidades y ayudarlos a pensar una solución antes de ponerla en práctica. Las preguntas habituales son: ¿Qué le está pasando? ¿Qué está necesitando? ¿Cómo le está yendo? ¿Qué cosa no funciona? ¿Hasta dónde quiere llegar? Y, sin duda, esa escucha preliminar es absolutamente importante, quien no escucha a su paciente o a su cliente, difícilmente tendrá una relación satisfactoria.

Ahora bien, desde el punto de vista de un cristiano arraigado en la fe: ¿existe una escucha que sea diferente? ¿Hay una antinomia como *"escucha secular vs. escucha evangélica"*?

Nada obsta a que un profesional o trabajador de cualquier rama, o un hombre cualquiera que *andando por su camino, y encontrando una persona tirada, ofrezca una auténtica escucha evangélica*, inclusive sin saberlo, o pretendiendo intentarlo apenas, porque la persona caída es manifiestamente creyente y quiere ser escuchada en su instancia tal vez final. ¿O acaso no podría una persona cualquiera –sin siquiera estar bautizado en la fe cristiana– impartir el bautismo en la fe de la Iglesia si alguien en trance de muerte se lo pide?

La escucha como servicio al prójimo la puede realizar cualquier persona, la escucha como servicio al hermano la puede realizar cualquier cristiano.

El aprendizaje humano, los siglos de pensamiento antropológico, desde toda perspectiva filosófica o desde cualquier indagatoria científica, no deben ser despreciados. El cristianismo no descubrió al hombre... tampoco inventó el oído ni la escucha. Por eso, *toda la experiencia humana suma para nuestra capacitación y aprendizaje*.

El hombre de fe está ubicado en el cruce de dos vertientes, la historia cotidiana y el afán por el Reino. Así lo decía el Concilio:

> "Los gozos y las esperanzas, las tristezas y las angustias de los hombres de nuestro tiempo, sobre todo de los pobres y de cuantos sufren, son a la vez gozos y esperanzas, tristezas y angustias de los discípulos de Cristo. Nada hay verdaderamente humano que no encuentre eco en su corazón" (*Gaudium et spes*, 1).

Ahora bien, ¿dónde está la diferencia si es que hay una?

El hombre de fe no puede vivir desde otra perspectiva que la de la fe, el cristiano debe caminar siempre en el seguimiento de Cristo: camino, verdad y vida, y todo su peregrinar en la vida lo realiza en la fe, la esperanza y el amor.

Por tanto, para los cristianos arraigados en la fe no es posible una disyuntiva entre una escucha digamos secular y otra cristiana, siempre será cristiana, salvo *esquizofrenia existencial*. El creyente siempre escuchará desde su corazón anclado en el de Cristo, y en todas las cosas *de su quehacer cotidiano* sorprenderá con las actitudes *propias de quien está en esa otra orilla, la de Jesús* que ve dónde deben echarse las redes, mientras asa un pescado para sus amigos.

Sin embargo, para el hombre común y más allá de la experiencia secular en la escucha, tal vez resulte difícil comprender qué se dice con *escucha cris-*

tiana. ¿Y cuál es el acento que se le escapa, *qué tímpano vibra en esa escucha que él desconoce?...* Es una pregunta que suelen hacernos, sea por el tema de la escucha o por cualquier otro: ¿cómo es la fe? Puede ser que una persona no creyente interprete que hay aquí una antinomia, sin embargo: no hay para el cristiano un pensar que no sea *religioso*, con sus tres raíces en la fe, la esperanza y el amor. Y, por tanto, tampoco hay para él una escucha que no sea *religiosa*.

Es decir, un creyente, en su trabajo y en su vida entera, respetará a toda persona como terreno sagrado, escuchará a los demás como a sus hermanos e hijos de Dios como él, con quienes comparte la misma dignidad, sufre del mismo modo el enigma de la propia miseria, tiene la misma sed y apetece la misma felicidad. Y todo ello lo hará con independencia del que se abrió a ser escuchado.

El cristiano en la escucha se despoja radicalmente de su propio interés ante el otro y ante Dios, lo hace por entrega de amor, sin recompensa alguna, sin nada a cambio.

En este servicio también *la gracia supone la naturaleza*, es decir: *la gracia de la escucha cristiana asienta sobre la natural disposición y apertura a los demás*, y puede ocurrir que dicha disposición sea una *cualidad natural* propia del sujeto o bien que lo haya logrado como *hábito adquirido* por la capacitación y la experiencia pastoral. Para el cristiano no hay otra escucha posible que la que lo implica y compromete por su fe, con alegre esperanza por el hermano, y la ejerce como donación de amor.

DESAPROPIARSE PARA ENCONTRARSE

"Me refiero a lo que anda diciendo
cada uno:
yo por Pablo, yo por Apolo,
yo por Cefas, yo por el Mesías".
1Cor 1,12

El proceso sinodal en la Iglesia reivindica la escucha de las diferencias, la apertura a lo distinto en un diálogo donde cada uno aporta aquello que le es propio y *distintivo*. En la Iglesia una y sinodal, volvemos a *pensar en el nosotros eclesial y en la escucha particular*, en *la escucha de la diferencia*.

Cada uno de nosotros hemos hallado en la vida ciertas sendas por las cuales nos ha gustado transitar dejando de lado otras posibles, algo así como los carismas fundacionales de determinadas órdenes o congregaciones religiosas; hemos elegido caminar por aquí y no por allá, seguimos las enseñanzas de determinado maestro o fundador y no simpatizamos con aquel otro, nos gusta particularmente un autor más que otros. Hay quienes fueron conquistados por un cura párroco de tal manera que si lo trasladan a otra parroquia querrán seguirlo; es frecuente encontrar que algunos van a *determinada* misa para escuchar la predicación de *cierto* cura; y también a quienes van a una iglesia por el modo de celebrar allí la liturgia; es decir: puede haber seguimiento de personas, pero también de climas que nos agradan.

ESCUCHAR LA DIFERENCIA
NO HAY PAZ SIN LOS OTROS

"Si amáis solo a los que os aman,
¿qué premio merecéis?
También hacen lo mismo los recaudadores".
Mt 5,46

¿A quién le resulta fácil aceptar la diferencia de los otros? O, mejor expresado, ¿a quién le resulta fácil *aceptar a los otros diferentes*? Casi todo el mundo se maneja por simpatías en las semejanzas, y por recelos en las diferencias. Así andamos provocando grietas casi permanentemente en los ámbitos donde nos movemos.

Estos tiempos parecen tiempos de reivindicaciones casi absolutistas de las diferencias, *reivindicaciones tribales ante una hipotética aldea global*. La triste consecuencia es la de tantas personas que buscan la paz en el aislamiento, dejan todo diálogo por no discutir, y se encierran; a veces incluso con una supuesta pacificación interior; pero, *la verdad es que no hay paz sin los otros*.

En un encuentro de los Cistercienses en Roma, el papa Francisco les dijo entre otras cosas:

"Hoy, la experiencia del encuentro con la diversidad es un signo de los tiempos. La contribución de ustedes es particularmente rica, porque, en razón de su vocación contemplativa, no se contentan con poner juntas las diversidades a nivel superficial, sino que las viven también a nivel de la interioridad, de la oración, del diálogo espiritual. Y esto enriquece la *sinfonía* de resonancias más profundas y generativas"[2].

¿Qué es lo que tenemos en común todos los seres humanos? y no me refiero a que compartimos la *especie*, ni a que somos seres racionales, ni siquiera a que todos seamos capaces de conjugar y vivir los mismos verbos, cada uno en su lengua y latitud: amar y celebrar, odiar y matar...

Solemos afirmar con mucha facilidad que *todos tenemos la misma dignidad, todos somos hijos del mismo Padre Dios, todos somos hermanos y todos formamos un solo cuerpo*. Sin embargo, poco hablamos sobre eso de que *cada quien no es lo mismo que cada cual, y todos somos distintos*, quiero llamar la atención sobre este aspecto que debe ser puesto en el centro de la reflexión contemporánea y que Francisco señala: *la diferencia*.

¿Y dónde se sostiene el misterio de la diferencia humana? Esta manera de ser creaturas semejantes pero distintas *arraiga en el misterio trinitario de tres que, con la misma dignidad y poder, son uno en la comunión de las diferencias*.

Fuimos creados a imagen y semejanza de un Dios que es comunión de distintos, *somos todos desiguales* debiendo aprender a construir la comunión de amor que nos haga uno, *porque no somos felices en la soledad sino en la comunión*.

---

[2] Discurso a los participantes en el Capítulo General de la Orden Cisterciense, 30/9/22.

Desde *eso siempre cambiante*, r un mar ajeno, desconocido, que oleaje o calma, nos adentramos en l *condición previa al encuentro la ac otro como otro verdaderamente dis mente digno*. Esa es la tierra donde ar del oyente.

La escucha es un modo de amar, l una realización de la caridad, escucha cia, hacer espacio y brindar tiempo pa ferencia asome y resuene en la voz d tor, sin ninguna pretensión igualitar escucha.

En la escucha aflora lo distintivo del *lo distingue de mí y de los otros*, lo que l ble para Dios y para el oyente, lo que ta pio interesado aún no ha descubierto.

La diferencia del otro es recuperada e sin esa diferencia no habría amor sino s to en la uniformidad.

El ejercicio del amor oyente es la garan ferencia amada.

Esas opciones no son malas, sin embargo, pueden ir clausurando nuestras fronteras interiores, como un niño que ya no quiere compartir su juego con nuevos protagonistas. Un sabio confesor me dijo en una ocasión: "No pierdas tiempo en leer un libro que podrías haber escrito, lee lo que te cueste comprender, debes ser capaz de abrirte a lo distinto, a lo que te sorprende y enriquece".

Los ministros de la escucha no escapan a este riesgo: también se han formado en una determinada escuela, con ciertos acentos de sus profesores, recorrieron determinadas sendas señaladas por otros.

Pero, gracias a Dios, *también las encrucijadas personales participan en los procesos de formación* y, sin perjuicio de aquella capacitación determinada por una escuela, a la hora de ejercer la escucha, *cada uno lleva la propia biblioteca en el interior*, esa *donde habita el Espíritu que clama al padre común Abba*, y que es aliento vital, voz y oído celestial en el corazón del hombre. Quien ejerce la escucha en el nombre del Señor, sabe que tendrá la asistencia de su Espíritu, y que no debe preocuparse por su pobre maleta de recursos, porque descubrirá con alegría todo lo que el Señor ha sembrado en su propia vida a lo largo del tiempo.

PARA VER EL OTRO LADO DE LA LUNA...

"Maestro, vimos a uno que expulsaba demonios
en tu nombre, y tratamos de impedírselo,
porque no va con nosotros".
Mc 9,38

Teniendo una hermana muy sorda, en casa hemos padecido las dificultades de una época de pocos recursos económicos y tecnológicos para hallar soluciones, lo que la llevó a vivir con audífonos de poca resolución, a estirar el uso de pilas ineficientes, a soportar los pitos y sonidos desagradables del *aparatito*, y al sufrimiento de mi hermana con los ruidos envolventes o las conversaciones simultáneas, entre otras muchas dificultades. Y, como los oídos eran prácticamente inútiles, había que ser creativos, aprender la lectura de labios, interpretar los gestos; mi hermana intentaba escuchar con el cuerpo, con las manos, con los ojos...

Con mi amigo Ernesto, siendo *ambos medio* sordos, caminamos en posiciones concertadas para poder escucharnos: él oye mejor del lado derecho y yo del izquierdo, por eso congeniamos... Eso es tan así que, cuando arrancamos una caminata en posición equivocada, nos paramos para cambiar de lado, y nos reímos al unísono.

Quien ejerce la escucha también lleva sus "aparatitos", como su biblioteca y sus ideas, seguramente oirá mejor de un lado que de otro. En una determinada posición tendrá una perspectiva única a su entender, pero todo eso –a la larga– solo le dejará ver y escuchar una fase de la luna... nunca la luna completa. Para ver el otro lado de la luna hay que salir al espacio exterior, y eso nos supera, no hay biblioteca que valga y no sabemos manejar el silencio sideral...

La escucha que se hace desde la humildad y el reconocimiento de la propia pobreza y las limitaciones de todo tipo que son propias de cada uno, pero que, desde la fe y el amor asume el riesgo *del otro y de lo otro*, siempre acaba regalando gratas sorpresas y dando gracias con inmensa alegría; por el descubrimiento del hermano que supera nuestros preconceptos, que rompe los paradigmas en que nos hemos instalado, que formula preguntas insospechadas por nosotros, y que muestra heridas que nunca habíamos pensado posibles en una vida humana... *Y esa escucha se transforma en caridad orante, que eleva la diferencia descubierta al Señor que las asume todas.*

La Iglesia hoy necesita de la escucha mutua, de la escucha al interior de sí misma; la escucha desde la pobreza, la escucha de sus miembros diversos, el descubrimiento y la acción de gracias por lo descubierto, el disfrute de una verdad que es sinfónica, la alegría de la aventura común, el amor que nos hace uno.

NUNCA DEJAREMOS DE ASOMBRARNOS ANTE CADA SER HUMANO

*"¿Qué es el hombre para que te acuerdes de él,
el hijo de Adán para que te ocupes de él?".*
Sal 8,4

El papa san Pablo VI recibió a los astronautas de la misión Apolo y les entregó para depositar en la Luna como mensaje al universo el texto del salmo 8. Más tarde siguió con *sobrenatural curiosidad* el vuelo y el alunizaje desde la transmisión televisiva e intentó vislumbrar algo desde el telescopio de la estación astronómica del Vaticano: *su pasión respondía al amor por la humanidad toda, y su entusiasmo cantaba la grandeza del hombre.*

¿Por qué nos cuesta dejarnos maravillar por la humanidad y sus logros? ¿Es tan difícil aceptar la calidad de procreadores que nos enaltece y asocia con Dios? Y, ¿cómo podríamos escuchar al otro si no nos asombra? ¿Cómo honrarlo con la escucha si no somos capaces de ver su grandeza y su originalidad?

¡Es tanta la riqueza del corazón humano! Y son tan impresionantes sus logros a lo largo de toda la historia que, si nos habituamos a descubrirlos y alegrarnos, ampliaremos el campo de visión y las fronteras del corazón para el momento de llegar al cielo esperado. En cambio, si nos quedamos en la protesta y el reproche por las experiencias desagradables, probablemente lleguemos al cielo con los ojos cegados...

Hay que atreverse al amor que nos hace capaces de ver, oír y amar la diferencia. El discernimiento y el conocimiento de la diferencia son la garantía del amor verdadero.

El primer paso será *captar la propia forma*, nuestro enigma que quiere ser desentrañado. Debemos complementar el *conócete a ti mismo*, con la recomendación de Jesús: *quien quiera seguirme que renuncie a sí mismo.* Comprendernos en todas las dimensiones de nuestro ser, nuestra lucha entre el bien y el mal, aceptarnos en la caída y la pobreza y, siendo poseedores de nuestros límites, entonces renunciar a nosotros mismos. Porque para poder renunciar a sí mismo hay que haberse descubierto, no se puede renunciar a lo que no se posee, sea como dicha o como desgracia.

Inmediatamente, tras el reconocimiento, la aceptación y la renuncia, estalla el *Magnificat*. Cantaremos la maravilla del Señor que hace en nosotros grandes obras, a partir de nuestra pequeñez.

Mucho nos ayudan en esta humildad *las mujeres de Dios.*

Ana oraba llorando:

"Señor Todopoderoso, si te fijas en la humillación de tu sierva y te acuerdas de mí, si no te olvidas de tu sierva y le das a tu sierva un hijo varón, se lo entrego al Señor de por vida" (1Sam 1,10-12).

La estéril ofrece su miseria, y el Señor derrama su gracia dándole un hijo. La madre feliz, consagra a Samuel y, entregándolo, *lo pierde* para que sea grande para el pueblo de Israel.

La pobre *madre viuda en Sarepta* juntaba leña para cocinar su última ración de harina amasada con el resto de aceite que quedaba en la vasija, con la intención de compartir ese pan con su hijo y luego echarse a morir. Pero llegó Elías, y el Señor le habló desde la voz del profeta, entonces *ella entregó la última ración*, luego de lo cual la harina y el aceite se multiplicaron incesantemente por la acción de Dios (cf. 1Re 17,10ss).

Había en Nazaret *una virgen, se llamaba María*, y el Ángel del Señor le dijo: *Alégrate, llena de gracia, el Señor está contigo...* Al oírlo ella quedó desconcertada... Ella que no conocía varón, sería madre del Hijo del Altísimo ¿*Cómo sucederá eso?*... porque *el Señor se ha fijado en la humillación de su esclava...* (cf. Lc 1,26-55).

Mientras Jesús observaba a la gente que echaba su dinero en la alcancía del templo, se acercó *una viuda pobre y echó dos moneditas* de ínfimo valor. Él supo que ella había entregado todo lo que tenía para vivir. ¿Acaso créeis que el Señor simplemente la usó *como ejemplo para enseñanza* y la dejó sin recompensa?, de ella se habla a través de los siglos, esas dos monedas insignificantes siguen generando ganancia para el Reino... (cf. Mc 12,38-44).

Debemos preguntarnos cuál es nuestra esterilidad, cuál nuestra virginidad, cuáles son nuestros temores, cuál es nuestro resto de harina y aceite, cuáles son mis dos pobres monedas... todo eso que es nuestra nada para entregársela al Señor, para que Él la haga producir.

El Señor transforma nuestra pobreza radical en un árbol frondoso lleno de frutos para que disfruten los hermanos. Tal vez tengamos solo dos panes y cinco peces, pero Él dará de comer a una multitud.

Alegrémonos de nuestra pequeñez, sorprendámonos de nuestra grandeza, y entonces podremos escuchar al hermano que entrega su pequeñez a los oídos de nuestro corazón para que la elevemos a Dios, y que Él le devuelva su grandeza y lo enaltezca.

En la escucha, si el Espíritu ha tenido espacio entre los participantes, el hermano descubre su inmensa dignidad, su increíble riqueza, su capacidad de amar.

DEJAR DE SER EXTRANJEROS
UNOS DE OTROS

"¿Soy yo acaso guardián de mi hermano?".

Gn 4,9

Hoy el otro está degradado a un mero hecho económico, por la economía del provecho, del cálculo y de la necesitad de éxito. Hemos perdido la consideración del otro como enigma o como misterio, para evaluar solo su aprovechamiento.

En su libro *La expulsión de lo distinto*, Byung-Chul Han dice:

"Hoy, la voz silenciosa del otro zozobra en el ruido de lo igual. Además, invocar al otro como tú no carece de riesgo. Hay que estar dispuesto a exponerse a la alteridad y extrañeza del otro".

Y con eso volvemos a la inquietud del momento: *¿cómo soportar la diferencia? Es decir: ¿cómo sostenerla en un nosotros?* ¿Cómo dejar de ser extranjeros unos de otros?

¿Desde dónde comenzar? *Desde la fe y la escucha del Señor,* aprendemos a ver lo distinto en nosotros mismos, aquello que únicamente el Señor conoce (*Señor, tú lo sabes todo...*) y que es la materia y el espíritu de lo que estamos hechos. Permitir a Dios que se acerque a nosotros, resistir la tentación de escondernos tapando nuestra desnudez. *¡Ese Dios es tan Otro, y sin embargo tan parecido, tan semejante!*

La primera abolición del diferente ha sido la del pecado de Adán, que intenta equipararse a Dios, es decir: *abolir a Dios para que el hombre ocupe su sitio.* Tradicionalmente nuestro pensar reflejo trae la imagen de una expulsión del paraíso, Adán y Eva humillados y con la cabeza gacha... Pero lo que ha ocurrido es el intento de expulsar a Dios del paraíso, para quedarse con lo igual y propio: carne de mi carne, hueso de mis huesos...

A consecuencia del pecado entró la muerte en el mundo, y entonces sobrevino *la segunda abolición del distinto*: *el asesinato del hermano*. No dejar a Dios ser Dios, no dejar al otro ser otro. En este meollo debemos explorarnos, no estamos exentos de la grieta, más bien somos parte de ella, la humanidad toda ha proliferado en exclusiones e imposiciones, sometimientos y guerras; esa *humanidad de la que somos parte*.

Debemos buscar y hallar las raíces de la hierba mala que alguien sembró durante alguna noche de nuestra vida, para pedir al Señor que nos sane y libere de la maleza, y deje crecer en nosotros la semilla del Reino. *Es necesaria la conversión del corazón para destapar el oído para la escucha.* De lo contrario solo escucharemos nuestra propia música...

Gracias al Señor que asumió toda la realidad humana, en esa iniciativa suya recóndita que llamamos *el misterio de la Encarnación*, nuestra realidad completa y variopinta está *inserta en el misterio de Dios*. Él se hizo hombre en todo igual a nosotros –menos en el pecado– pero cargó sobre sí nuestros pecados, pagó en sí mismo nuestras culpas, y atravesó la puerta de la muerte para permitirnos volver a la vida. *Por sus llagas hemos sido sanados.*

Podemos amar porque el Señor nos ha amado primero. Podemos salir al encuentro del hermano porque el Señor nos ha encontrado. El poema solo acontece en el encuentro con otro, en el misterio del encuentro, en presencia de un prójimo que está enfrente.

La tentación intentará convencernos para ignorar, rechazar o abolir al hermano, sea por desconfianza, sea por temor, sea por desagrado, siempre la tentación se apoyará en alguna sensación previa en nosotros, y allí engendrará la mentira argumental y total, transformándose en un agujero negro de sordera y rechazo. Pero, si de verdad hemos explorado nuestras propias cavernas, si hemos reconocido nuestra miseria y –valga el oxímoron– si hemos pesado nuestra pobreza: estaremos desnudos de toda valoración propia ante el hermano.

"No hagáis nada por ambición o vanagloria, antes con humildad tened a los otros por mejores" (Flp 2,3).

EL MÁS ESTRECHO DIÁLOGO
ENTRE DIFERENTES:
LA AMISTAD

*"El amigo ama
en toda ocasión".*
Prov 17,17

La amistad surge como el diálogo más estrecho entre diferentes, nunca un amigo avasalla al otro, sino que se alegra con su originalidad, del mismo modo en la escucha descubrimos y nos alegra la originalidad del otro que nos habla.

El amor ha sido imaginado muchas veces como un *espejo*: el *espejo de la caridad* devuelve a cada uno su propia forma que se revela a la luz del amor del otro. Del mismo modo en la escucha que nace del corazón que ama, el otro que habla sale enriquecido al *recuperarse tras haber sido escuchado*.

Es fundamental *para poder escuchar desde la diferencia, estar asentado en ella,* ser consciente de la misma es lo que nos permitirá percibir la forma del otro, captar su carácter distintivo, oír sus acentos, y penetrar desde los gestos al corazón.

Mi colega y amigo Sergio Barbieri, profesor en la Escuela de Ministros de la Escucha, repite que: *en el ejercicio de la escucha yo soy el otro del otro,* y de eso no debo olvidarme jamás, porque es lo que permite al otro ser aceptado como otro de mí, y ayudarle a *reencontrar para sí mismo su dignidad, eso que lo hace único y otro de todos.*

Es que la posibilidad del amor está siempre en el *re-conocimiento* del otro. ¿Cómo amar a quien no se conoce? Y *¿cómo escapar al amor de quien se conoce y se ha frecuentado?* Hemos sido reconocidos por el Señor:

"Vosotros sois mis amigos si hacéis lo que yo os mando. Ya no os llamo siervos porque el siervo no sabe lo que hace el amo. A vosotros os he llamado amigos porque os comuniqué cuanto escuché de mi Padre" (Jn 15,14-15).

La escucha es una necesidad en el camino de la amistad, hasta que los amigos ya acostumbrados a escucharse mutuamente, se reconocen inmediatamente en cada encuentro y, en el punto más alto de su relación permanecen en silencio, uno junto al otro contemplando el misterio de sus vidas. *En el ejercicio de la escucha se aprende el silencio, no solo del oyente, también de quien vino a contarlo todo...*

Recuerdo un hecho que me dejó una huella de ese silencio. Tendríamos unos diecinueve o veinte años y, con un amigo, tomamos un tren hacia la estación Vagues, cercana a San Antonio de Areco, en la provincia de Buenos Aires, para visitar un hogar de San Camilo, albergue de personas con discapacidades severas. Hablamos durante todo el viaje, 130 kilómetros de palabras... Tras una brevísima admonición del hermano que nos abrió la puerta, que quiso prepararnos buenamente para

34

lo que encontraríamos, entramos y hablamos como pudimos, nos hablaron y nos mirábamos con ellos y, cumplido un tiempo que hoy ya no puedo calcular, salimos ambos en silencio y nos sentamos en una piedra a la orilla del arroyo de Vagues… mirando el agua simplemente pasar. Ya no hablamos más, solo esperábamos que llegara otro tren que nos llevaría de regreso por esos 130 kilómetros de silencio.

Asimismo, ocurre en la escucha del hermano aun cuando no haya vínculos previos. Llega uno cuya necesidad inmediata es ser escuchado. A veces ese hablar necesita más de un encuentro. *Al final de todo lo que nos cuenta, se cae en la cuenta* del recorrido hecho, cataratas de palabras, aluviones de vivencias. Y sobreviene el tiempo del silencio elocuente.

Escuchar
para ver...

QUIEN NO TIENE ESA EXPERIENCIA
ARDE EN DESEOS DE POSEERLA...

"¡Es tan dulce su voz, es tan fascinante su figura!".
Cant 2,14

La escucha provoca un entusiasmo difícil de explicar: "Se trata de un cantar que solo puede enseñarlo la unción y solo se aprende en la *experiencia*", tomando palabras de san Bernardo. *"El que no tiene esa experiencia arde en deseos de poseerla."*

Al principio, podemos sentirnos nerviosos, *porque no sabemos* quién viene a hablar ni qué nos dirá, es la misma inquietud de la muchacha del Cantar que espera a su misterioso amado. Pero de repente, *en el transcurrir del oír* se despierta una fuente interior, tras *ese canto que no conocía* se abre un apetito continuo para seguir escuchando con gozo.

Las palabras del hermano tejen un cántico de su vida, y tal vez él mismo desconozca los acordes. "No es un sonido de la boca, sino un júbilo del corazón... no se escucha desde fuera, ni resuena en público. Solo la escucha el que la canta y aquel a quien se dedica...".

Sin embargo, no se trata de un suceso que ocurre en el automatismo, todo lo contrario. Este canto, "es incapaz de cantarlo o escucharlo un alma neófita, es para un espíritu avanzado que con la ayuda de Dios haya crecido". El corazón que escucha estalla en luces si se ha preparado para ese momento, porque la escucha del corazón no se improvisa. *El único que puede improvisar y soplar cuando y donde quiere es el Espíritu*, a quien previamente debemos entregar nuestro espacio y ofrecer nuestro tiempo; la escucha del corazón es así un regalo de la gracia.

"Quiera Dios abrirme el oído, para que penetre en mi corazón la palabra de la verdad y limpie mi vista para prepararme a una visión gozosa..." ¿Cómo debo entrenar el corazón para ser diapasón que vibre ante la Palabra pronunciada por Dios?

Nadie dice que será fácil... preguntémosle a Elías, que lo intentó manteniéndose de pie ante la violencia del huracán que descuajaba los árboles, pero el Señor no estaba en la tormenta; siguió hurgando en el terremoto, y el Señor tampoco aparecía; luego vino el fuego, sin embargo, no era ese fuego como el de aquella *zarza ardiente*... Después de todo eso sopló una tenue brisa, al sentirla, Elías entró a la cueva tapándose el rostro con el manto y oyó *la pregunta de Dios: ¿qué haces aquí?* Y manifestados los deseos interiores de Elías, el Señor le pide que regrese por donde vino, que Él permanecerá a su lado (cf. 1Re 19,11-18).

Debemos confiar en que el Señor saldrá a nuestro encuentro, y que *"Él dará su Espíritu Santo a quien se lo pida"*. No ignores que también el Espíritu Santo sigue este mismo proceso en la formación del alma: *antes de recrear la vista educa el oído. ¿Deseas ver a Cristo?* Primero debes oírle, oír lo que te dicen de él; y cuando lo veas exclamarás: *¡Lo que hemos oído, lo hemos visto!*

Cuando el oyente se ha acostumbrado a navegar mar adentro en la barca de su vida, consciente de que el Señor duerme en la cubierta, no se distrae por cualquier tormenta que sacuda al bote sino que es capaz de oír al hermano viniendo entre las aguas, para tenderle una mano y subirlo a su lado.

Arriba dije: *cuando el oyente se ha acostumbrado*, sin embargo, *no podemos acostumbrarnos, menos sentirnos poseedores de lo escuchado, hay que acostumbrarse a ser sorprendidos*, la escucha del Señor nunca termina, nunca puede decirse *adquirida*, la escucha del Señor es siempre nueva, sorprendente, plena de vida y de potencia que nos despierta y anima al amor. Y con respecto a los hermanos no podemos ignorar la novedad permanente de la vida, la originalidad por descubrir, los nuevos sonidos que nos llegarán: hay que sorprenderse con la diferencia siempre nueva, sorprenderse con los hijos de Dios, cada uno único.

El oyente se sabe inacabado, inconcluso, imperfecto, peregrino y necesitado casi como el que viene a charlar lo suyo, pero está en paz, conserva su alegría, el Señor duerme sobre su cubierta. "Cuando el Verbo hable al alma esta le escuchará necesariamente. Porque la palabra de Dios es viva y enérgica, más tajante que una espada de dos filos, penetra hasta la unión de alma y espíritu". *Quien escucha la voz del amado descubre su presencia y vuelve los ojos hacia quien le habla.*

Siempre será prioritario aventurarse en la escucha de Dios, ¡que es posible!, diría Hans Urs von Balthasar, porque se ha cumplido la condición esencial de nuestra existencia: Dios ha hablado al hombre. De no ser así todo sería vano. Nosotros creemos y sabemos que el Señor nos ha hablado, que ha repuesto el diálogo roto en el origen, que por el oído atento de una mujer su voz llegó nuevamente a nosotros.

¡Gracias a que la Virgen escuchó, y escuchando aceptó, y por obra del Espíritu Santo engendró y dio a luz, y el Verbo se hizo carne, y habitó entre nosotros, y hemos oído sus palabras, hemos escuchado su voz y luego hemos sabido quién es Él, contemplando su gloria en el misterio inefable de la cruz!

Escuchar para ver. Escuchar a Dios, para contemplar su gloria, y escuchar al hermano para descubrir su maravilla.

ESCUCHAR PARA VER

"Oigo en mi corazón: 'Buscad mi rostro'.
Tu rostro buscaré, Señor, no me escondas tu rostro".
Sal 26,8

Oír con el corazón conduce al descubrimiento del rostro. No debemos engañarnos creyendo que la foto que vimos de entrada en el encuentro ya nos dijo todo, la experiencia revela que ningún rostro es del todo transparente, pero se nos irá revelando poco a poco. No caigamos en la tentación de asumir como norma aquello de que *la primera impresión es la que vale…*

La escucha es un modo de percepción del otro, de quien viene tal vez sin conciencia de su figura, y quizá está viviendo desorientado, golpeándose en la vida, casi desfigurándose… En la escucha, las palabras a modo de cincel van limpiando una escultura en la masa inerte, van dibujando los contornos, señalando cicatrices, heridas y penas, pero también acentuando alegrías y señalando gozos. *Las palabras esculpen poco a poco el rostro de quien habla.*

La mirada y los ojos de quien viene a ser escuchado son un enigma a descubrir. Parecen ocultar lo que aún no fue dicho. Pero, en la escucha percibiremos la verdadera mirada en el fondo de esos ojos, la mirada que revela algo inabarcable, el corazón del otro, su misterio y su dignidad.

Lo más importante estar ser atentos. Prestar atención, no perder ninguna de las palabras, seguir el movimiento del cincel, y seremos regalados por el asombro de una figura nueva. *Cada rostro, como cualquier escultura, se revela único.*

CON TODOS LOS SENTIDOS ALERTA

*"Felices los que crean
sin haber visto".*
Jn 20,29

Ver para creer. Así parece decir Tomás en la mañana de la Pascua: "si no veo las marcas de los clavos y no toco las heridas...". *Más aún: ver y tocar para creer. Todos los sentidos forman parte de la experiencia cristiana.* La experiencia cristiana arraiga en la encarnación, no es fruto de una abstracción. Cristo hace la experiencia del hombre encarnándose y *Dios mismo descubre el fondo del misterio del hombre en la cruz...*

Todos los sentidos se integran en la experiencia unitaria del corazón humano. Tocar y comer el cuerpo del Señor, escuchar su Palabra, verlo en la adoración eucarística y en el rostro de cada hermano, todo conduce al mismo centro, a la revelación del Amor que quiere ser vivido en nosotros.

Todos los sentidos, cada uno por su camino, conducen a la composición de una experiencia única. Es decir: puede faltarme la mano para tocar, pero con la vista y el oído voy completando la imagen y escuchando su voz; puede faltarme la vista, pero con el tacto y el oído se me muestra una figura.

La escucha de los enfermos muchas veces requiere el tacto, tomar la mano, una caricia en la cabellera, un apretón de los dedos del pie, ¡tantos gestos posibles para transmitir la cercanía y la condición humana compartida!

Nos quejamos de las comunicaciones virtuales, sin embargo, gracias a la tecnología podemos compartir la imagen mientras conversamos. La escucha a distancia se beneficia de la imagen, y podemos comunicarnos con gestos mientras escuchamos, gestos que abrevian la distancia produciendo un acercamiento fraterno.

La escucha entonces, acompañada de los demás sentidos descubrirá ante nosotros la encarnadura completa de quien habla. *La escucha nos llevará a ver y palpar al hermano.* La escucha nos iluminará los ojos para ver el rostro del hermano y nos abrirá el corazón para sentir sus heridas. La escucha recorrerá la visión y el tacto. Una escucha profunda, cuando llega el silencio final, probablemente terminará en un abrazo silencioso.

ESCUCHAR Y ACOGER. LA ESCUCHA COMO MODO DEL AMOR

EL ENIGMA DEL OTRO EN EL CORAZÓN DE DIOS

"Totum amoris est".
Francisco

Dice el papa Francisco, comentando a Francisco de Sales el santo, que la experiencia de Dios es una evidencia del corazón humano, no es una construcción mental sino un reconocimiento lleno de asombro y de gratitud, que resulta de la manifestación de Dios.

La persona humana descubre la presencia misteriosa de Dios en la profundidad del corazón, gracias a la disposición de la fe que siempre alimenta un deseo y se transforma en el motor de una búsqueda: la fe quiere entender, la fe quiere ver el objeto de su esperanza, la fe quiere abrazar al amado de su amor.

Pero también descubre la presencia misteriosa de Dios en el corazón de los hermanos, en sus vidas y en sus testimonios. Así, el Papa concluye con una luminosa afirmación: "Para san Francisco de Sales no hubo mejor lugar donde encontrar a Dios que en el corazón de cada mujer y hombre de su tiempo".

Por eso, practicar la escucha del hermano es una experiencia trascendente: en la escucha se revela el misterio de Dios presente en el otro y aprenderemos a ver el enigma del otro en el corazón de Dios. La escucha acaba siendo como estar ante la zarza ardiente, el Señor se revela con matices, brillos, gestos y palabras no fabricadas; con la espontaneidad propia de quien, luego de haber soltado el rollo inicial deja que vayan saliendo las cosas a su modo y forma.

Escuchar la vida de los demás lleva a aprender a discernir *la actitud interior* que une el pensamiento al sentimiento, la razón a los afectos, y –al mismo tiempo– el reconocimiento y la sed inmensa de Dios.

En cada época la escucha debe renovarse, porque los hombres somos hijos de nuestro tiempo. Por ello percibiremos en la escucha el sufrimiento que a algunos les produce el cambio de los tiempos, y también aprenderemos a leer los signos de cada presente.

La escucha te permite percibir nuevos e impredecibles horizontes, caminos diferentes en un mundo cambiante. Y esa escucha perceptiva se transforma en acogimiento, en una capacidad de cohabitar el mundo, de compartir la vida de la gente, de caminar juntos, de escuchar y de acoger.

UN TEJIDO HECHO DE MEMORIA Y OLVIDO

"Ningún hombre puede cruzar el mismo río dos veces, porque ni el hombre ni el agua serán los mismos".
Heráclito

Dejando en claro que tengo una pésima memoria —lo que sin embargo me permite disfrutar varias veces una misma película o releer un libro con igual pasión que la primera vez—, recuerdo algunas anécdotas.

Mi abuelo paterno había venido solo desde Italia, lo embarcaron a eso de los 9 años quedando en el pueblo sus padres y hermanos, tenía un sinnúmero de cuentos y vivencias para compartir. Y, en cada visita, le pedía que me contara nuevamente sus recuerdos de infancia en Calabria, y los primeros años de vida en Buenos Aires; siempre los mismos recuerdos y las mismas anécdotas.

Aprendí muchas cosas escuchándolo, cada vez todo era nuevo... *Nunca una misma historia se relata de la misma manera*, siempre se recrean, se quitan o agregan detalles, e incluso pueden variar los personajes. Pero, al fin y al cabo, lo que importa es el narrador. El abuelo se me iba revelando en su figura infantil, en sus preocupaciones por el desarraigo, y en sus sueños y esperanzas ante un nuevo mundo.

También quien escucha va cambiando, la atención se fija en nuevos detalles, y la memoria mezcla lo ya escuchado con nuevos contextos. Hoy no recuerdo las narraciones oídas, no intento buscar las anécdotas en mi memoria, pero retengo la frescura de una sonrisa, una mirada, algunos gestos, un modo de pararse, un abrazo. Es una presencia que me visita en el frágil recuerdo. En esa figura se distinguían perfectamente los jirones de su historia y se comprendía el siempre vivo anhelo de futuro, –con sus más de noventa y tantos de años de vida–, la sed de protagonizar la vida tal como viene.

Sí, en la medida en que la escucha transita por una vida, nos interpelan la historia, los sufrimientos, las necesidades y las esperanzas particulares de la persona que escuchamos.

La escucha no solamente es un *espacio* donde el otro recupera de algún modo la dignidad de su historia, sino también una *fuente* que alimenta su proyecto. Quien viene a ser escuchado, tras volcar el pasado, también presentará sus intenciones de vida, bosquejará algunos de sus deseos recónditos, manifestará su esperanza, si es que abrimos el espacio interior para que se diga.

La escucha permite al otro encontrar su centro, no separado del mundo, sino habitando ese mundo que tal vez sea ocasión de sufrimiento, y le ayudará a apreciar su mundo con una justa distancia y libertad, a tomar su propio camino sin pesar, con entusiasmo y alegría por el protagonismo reencontrado.

La escucha permite discernir modelos de vida diferentes, no solamente en el sentido de modelos de santidad tal como los solemos interpretar, sino en el simple y básicamente humano del "cada uno vive como puede", y en esa figura básica aparecerán los brillos de un camino diferente ofrecido por Dios mismo, dicho de otro modo: *un camino diferente por el que el hombre se arrima a su Dios.*

Lamentablemente no pude despedirme de mi abuelo, nuevamente él partió solo, esa vez yo estaba de viaje lejos de Buenos Aires. Confío en que el Señor le ayudará a llegar a buen puerto, y que se reencuentre con sus seres amados y extrañados durante tantos años; porque si –como solemos repetir– al final de la vida nos examinarán en el amor... ¿no cuenta también el amor extrañado?

LA ESCUCHA EN EL AMOR, DE LA TIERRA AL CIELO

"Si no tengo amor...".
1Cor 13

En la mente de casi todos los cristianos resuenan los ecos de la lectura del himno de la caridad de la Carta a los Corintios. Lo hemos oído muchas veces en la liturgia y recreado con alguna canción.

Hoy voy a cometer un atropello, entenderán que no intento faltar el respeto a la Escritura, ni al apóstol Pablo, ni mucho menos al Espíritu Santo. Solo quisiera explorar otro modo de leer el himno a propósito del ministerio de la escucha.

Aunque hablara todas las lenguas, *si no sé escuchar,* soy como una campana que resuena o un platillo ruidoso.

Aunque tuviera el don de profecía y conociera todos los misterios y toda la ciencia, *si no sé escuchar* al hermano no soy nada.

Aunque repartiera mis bienes y entregara mi cuerpo a las llamas, *si no supe escuchar* a los otros de nada me sirve.

La escucha es paciente, es servicial, no envidia ni busca mostrarse a sí misma, no es orgullosa de su saber, no actúa con bajeza ante la debilidad del otro, no tiene interés personal, no se irrita ante lo que escucha, es capaz de desestimar las ofensas y perdonar.

La escucha se alegra siempre en la verdad. Todo lo aguanta, todo lo cree, todo lo espera, todo lo soporta.

La escucha respeta lo desconocido. Ahora, por la escucha conozco a medias, después conoceré tan bien como Dios nos conoce.

La escucha como camino requiere que siempre tengas presente la dignidad del hermano y que no lo defraudes jamás. Y si *cada gesto de atención y cuidado, cada expresión de ternura, cada obra de misericordia, se convierten en un reflejo del amor de Dios por el que continuamos la obra de Jesús en el mundo, y por las mismas se coronan los santos,* la plenitud de la escucha que iniciaste en la tierra seguramente se colmará en el abrazo celestial.

ESCUCHAR DESDE EL CORAZÓN

EL OÍDO DEL CORAZÓN

"Ojalá escuchéis hoy la voz del Señor:
No endurezcáis vuestro corazón".
Salmo 94

Hemos oído decir muchas veces que hay que escuchar con el corazón, pero ¿qué es el corazón? Y ¿cómo escucha el corazón?

Desde una antropología bíblica, entendemos el *corazón* como el *centro existencial de la persona humana*, no meramente la sede de los sentimientos, ni tampoco una figura del "alma" o del "espíritu", ambas son reducciones propias de nuestra época: el corazón no es una mezcla de afectos ni una abstracción espiritual.

El corazón en la Sagrada Escritura es el *nodo* interior del hombre, sede de los sentimientos y también de los pensamientos, de la memoria y de la sabiduría, de los recuerdos y de los proyectos. Pero *también es el corazón que bombea la sangre que nos mantiene vivos; la sangre derramada que clama a Dios* porque es la vida del hombre, y en ella Él se sorprende al descubrir el corazón herido del hombre; sí, Dios se sorprende y llora a su modo por cada corazón roto que sufre y por la vida derramada de cada hombre.

Entonces, *el corazón es de algún modo todo el hombre,* cuerpo y alma, sangre y espíritu, pasión y acción.

Vuelvo a la pregunta: *¿qué significa escuchar desde el corazón?* Es ni más ni menos que *escuchar con toda la existencia* como diapasón que vibra ante las palabras del Otro y de todo otro.

La escucha del corazón nos implica totalmente. Y... ¿acaso puede dañarnos? Cuando decimos que *ninguna palabra que decimos a un hermano pasa de largo,* que *podemos sanar y dañar con nuestra lengua,* ¿no ocurrirá lo mismo cuando alguien se nos comunica y revela en la escucha?, ¿el oyente debe estar expuesto a ser herido por las palabras y la revelación del otro?

Si el corazón nos abarca completamente, y en la escucha lo exponemos desde su oído interior, *esto hace de la escucha un modo de entrega a los otros, es un modo de amor* y, por eso mismo, es posible que suframos...

LA MODESTIA
DEL CORAZÓN OYENTE

"No consista vuestro adorno en lo exterior:
cabellos trenzados, joyas de oro, trajes elegantes;
sino en lo íntimo y oculto: en la modestia
y serenidad de un ánimo incorruptible.
Eso es lo que agrada a Dios".
1Pe 3,3-4

Pero no todo es naturalmente fácil. Hay otros matices que no podemos ignorar y sobre los que debemos trabajar permanentemente: la conversión y la transparencia, ir pasando del corazón torcido a la rectitud de corazón.

El corazón del oyente debe ser *recto, humilde, con el temor de Dios y el temor de los hermanos.* ¡Sí!: temer manchar, temer dañar, temer descuidar, temer la desconsideración y la desatención, temer el desinterés y la falta de ternura para con los otros.

Pensemos un poco sobre la experiencia de lo real cotidiano: el corazón del hombre se sustrae a las miradas, lo descubrimos en aquello exterior del hombre que lo muestra. Se conoce el corazón por lo que expresa el rostro, por lo que dicen los labios y por lo que revelan los actos. Dice el proverbio que así *"como el rostro se refleja en el agua, el hombre se muestra en su corazón"* (Prov 27,19).

A medida que vivimos andando entre luces y sombras, vamos descubriendo esa realidad que se llama *doblez de corazón*. El corazón puede vivir en la mentira, actuar con simulación y ocultar sus intenciones: en él anidan el deseo de posesión, el abuso, la violencia, la envidia, la soberbia, la venganza; todos los males proceden del corazón del hombre. *El hombre puede engañar a su hermano, incluso hasta el homicidio*, porque previamente lo ha maquinado en su corazón.

Pero sabemos que el Señor sondea los corazones, *Él sabe lo que hay en el corazón del hombre*, es imposible engañarlo. *La gente se fija en las apariencias, pero el Señor sondea el corazón* (1Sam 16,7). *Nada más falso y perverso que el corazón: ¿quién lo entenderá? Yo, el Señor, sondeo el corazón y examino las entrañas...* (Jer 17,10).

A lo largo de la vida el Señor nos va iluminando y ayudando en la conversión del propio corazón, y también nos va iniciando en el discernimiento de los demás. La experiencia de la propia conversión nos hace sensibles para respetar la dignidad del hermano que sufre al otro lado de la orilla; debemos ser sus custodios sin cuestionamientos, como enseñó san Isaac el Sirio: *"No intentes distinguir al que es digno del que no lo es".*

Todos heredamos la debilidad como fruto de aquel *pecado de origen*, un terreno fangoso y resbaladizo por el cual puede derrapar el corazón del hombre. Si el corazón puro es fuente de luz, cuando desbarranca queda enterrado y a oscuras; del corazón santo manan aguas vivas, pero el corazón impuro y cerrado es un pozo ciego.

Dijo Jesús que *"del corazón del hombre proceden* las malas intenciones, asesinatos, adulterios, fornicación, robos, falso testimonio, blasfemia" (Mt 15,19), es decir, los atentados contra todos los mandamientos, contra todas las personas y contra Dios.

Antiguamente se reprochó al pueblo de Israel por tener un corazón *incircunciso, duro, mentiroso e inclinado al mal*, y el Señor reclamó *la conversión del corazón*, desgarrándolo para presentarse ante Él con un *corazón quebrantado*. Tras lo cual Dios prometió al hombre *cambiarle el corazón de piedra por uno de carne*, en el que escribirá nuevamente su ley, un corazón que podrá reconocer a Dios de verdad y recuperar el diálogo perdido. Y el orante pedía: *"crea en mí, Señor, un corazón puro, que yo pueda oír el gozo y la alegría, que se alegren mis huesos quebrantados"* (Sal 51).

Jesús pide *la conversión del corazón* e invita a caminar tras sus huellas imitándolo porque Él es *manso y humilde de corazón*. Insiste en *recibir la palabra con un corazón bien dispuesto*, recuerda *amar a Dios con todo el corazón* y enseña a *perdonar de corazón al hermano*, prometiendo la *visión de Dios a los de corazón puro*.

Quien quiera ejercer la escucha debe previamente aceptar transitar la senda de la conversión permanente. La conversión no es una tarea de un momento, todo tiempo es de conversión. Pero no pequemos de soberbia considerando esta tarea como una obra propia: la conversión se enciende por la gracia, se alimenta de la gracia y es coronada por la gracia. Por eso mismo hay que orar para nuestra conversión y, al mismo tiempo, pedir que la gracia se derrame sobre cada hermano, en lugar de juzgarlo.

El ministro de la escucha debe *tener un corazón quebrado, humillado* ante el Señor, expuesto y dispuesto para que Él obre en nosotros sus maravillas. "Él miró la humildad de su sierva... a los hambrientos los llenó de bienes y a los ricos los despidió con las manos vacías" (cf. Lc 1,47-53).

Quien quiera escuchar con el corazón debe reconocer su pobreza, su necesidad interior como una llaga, su historia de sinsabores, pero no para regodearse en la culpa: *ni el bien realizado ni el mal cometido deben ocupar el centro.* El corazón pobre, herido, que ora y se reclina sobre el pecho del Señor, ese se prepara para escuchar al hermano desde el oído interior.

ALGUIEN LLAMA A LA PUERTA

El Señor espera a la puerta
de nuestro corazón para pasar
y que comamos juntos.
cf. Ap 3,20

El primer paso siempre es la escucha de Dios: *"Shema' Israel"* (Dt 6,4). San Pablo dice que *"la fe proviene de la escucha"* (Rm 10,17), el primer paso es *la escucha de Dios* porque *la iniciativa siempre es de Dios que nos habla*, y nosotros respondemos escuchándolo; pero *también esta escucha proviene de su gracia,* como el recién nacido responde a la mirada, a la voz y a la sonrisa de mamá y papá, así nosotros escuchamos la voz del Señor y nos hacemos eco de ella en el corazón, es el Señor quien nos abre el oído con su *effatá* (Mc 7,34).

De los cinco sentidos, parece que el privilegiado por Dios es el oído, quizá porque es menos invasivo, más discreto que la vista, y por tanto deja al ser humano más libre. *La escucha corresponde al estilo humilde de Dios. Dios se revela hablando,* crea al hombre con su palabra y a su imagen dotado de lenguaje, y escuchándolo lo reconoce como su interlocutor. El Señor llama al hombre a una alianza de amor en la que realice plenamente *su ser imagen y semejanza*, le propone ejercer su capacidad de escuchar, de acoger, de dar espacio al otro.

Dios ama al hombre, le dirige su Palabra e inclina el oído para escucharlo; la escucha es una dimensión del amor divino.

El amor con que Jesús nos ha amado está en nosotros, en nuestro corazón, nos ha revelado al Padre enseñándonos a volver a Él de todo corazón, a *contarle nuestro pecado y dejar que nos abrace con su perdón y celebre una fiesta por nosotros.*

Jesús nos pide que prestemos atención a la forma en que escuchamos... y luego agrega: porque mi hermano y mi madre son los que escuchan la palabra de Dios y la ponen en práctica (cf. Lc 8,18ss).

Para tener un corazón fuerte en la escucha, será necesario haber recuperado aquel diálogo originario con ese Dios que nunca ha dejado de estar a nuestra escucha. Dios escucha desde su corazón, el Señor nos habla desde el corazón. Se trata de practicar la percepción de aquella voz que en medio del silencio pronunció su Palabra, con la que nos engendró. Porque primero es la palabra, luego la escucha.

Francisco dice que debemos *aprender a tener los oídos en el corazón, de lo contrario tendríamos el corazón en los oídos,* para llenarnos de ruido. El oído del corazón es capaz de escuchar la voz primera, la palabra creadora, y también descubrir la música de la fuente del hermano y percibir el modo de correr su agua interior, excepto que estemos apabullados por los ruidos si vivimos en *la sordera interior.* Continua el Papa diciendo que todos tenemos oídos, pero muchas veces incluso quien tiene un oído perfecto no consigue escuchar a los demás. Existe *una sordera interior peor que la sordera física*. La escucha no tiene que ver solamente con el sentido del oído, sino con toda la persona, como ya dijimos: la verdadera sede de la escucha es el corazón.

Por la acción del Espíritu Santo, aprendemos a *escuchar la Palabra de Dios con los oídos de Dios*; del mismo modo, en la escuela de la caridad aprendemos a escuchar al hermano.

El teólogo protestante Dietrich Bonhoeffer nos recuerda que el primer servicio que se debe prestar a los demás en la comunión consiste en escucharlos: *"Quien no sabe escuchar al hermano, pronto será incapaz de escuchar a Dios".*

Quien ha escuchado al Señor y tiene abierto su corazón para vivir en amistad con Él, en algún momento encontrará la disposición y la gracia para escuchar a los hermanos.

ESCUCHAR CON EL ESPÍRITU

EL ALIENTO DE DIOS

"En Dios vivimos, nos movemos y existimos".

Hch 17,28

Por la fe y el bautismo reconocemos que el Espíritu respira en nosotros, que Cristo habita en nuestro corazón, y que somos hijos del mismo Padre. Por la fe y por los sacramentos que nos lavan y alimentan día tras día conocemos que en nuestro corazón habita la Trinidad Santa. Estamos instalados en el Señor porque Él mismo habita en nuestro corazón, y entonces reina la paz y se derrama a nuestro alrededor como bendición para los hermanos.

El ejercicio de *la escucha desde el corazón será un remanso de paz para el hermano que viene a hablarnos.* Así como del corazón abierto de Cristo en la cruz brota la fuente de la salvación, el agua y la sangre, y el Espíritu se derrama desde la Pascua sobre todos, del mismo modo, *del corazón del creyen-*

te arraigado en Cristo brota la paz para sus hermanos, sin perjuicio de que cada uno de nosotros deba seguir su peregrinación de conversión.

No hay que temer considerarnos a la luz del misterio de Dios, más aún: debemos alegrarnos y celebrar interminablemente por ser parte del mismo. ¿Acaso san Pablo no nos ha dicho que somos de la *genética* divina? (cf. Hch 17,28-29), por ahí se ha traducido por *"linaje"* lo escrito como *"genus"*, pero hoy nos afecta más pensar que somos de la genética divina a que nos digan que somos del linaje de Dios. Dicho con audacia por un teólogo como Adolphe Gesché y citado por el papa Francisco: *"Somos nosotros la zarza ardiente que permite a Dios manifestarse".*

Miremos la *escena* completa del ejercicio de la escucha: vemos ahí un *escenario* donde se encuentran dos personajes visibles, uno que viene a ser oído y se revela al otro que lo recibe en ascuas. Se puede percibir de antemano un clima, una presencia oculta; aun sin saberlo, el que habla (y acaso sin que el oyente lo tenga actualizado), hay una brisa del misterio divino en la suavidad de las palabras de quien habla que refresca el silencio de quien escucha. En ese momento, quien se abre es tierra sagrada pero sedienta, corazón herido, palabras en busca de sentido; y quien está a la escucha es tierra regada pero también tiene su propia carga en el corazón, lleva lo suyo y comprende lo del hermano, y *entre ambos está el Señor como el que verdaderamente está escuchando.*

Sobre el escenario de la escucha, un espacio sin tiempo gobernado por ninguno de los protagonistas físicos aletea el Espíritu que anima a ambos.

LA ANCHURA Y LARGURA, ALTURA Y PROFUNDIDAD

Y proclama que "de sus entrañas surgirán fuentes de agua viva", refiriéndose al Espíritu que recibirían quienes creyeran en Él.
Jn 7,37

Hay una dimensión espacio-temporal del corazón, hablamos de sangre y de espíritu, de una entraña que *abarca todas las dimensiones del ser humano*, y que tiene un secreto sorprendente: carece de fronteras. Es extenso como el saber si mantiene vivo el deseo de la verdad, es eterno como el amor si ha sido capaz de donarse, porque para el corazón que ama no corre el tiempo, ni lo abarca espacio alguno.

Ejemplo de ello tenemos en las vidas de los santos cuyos días transcurren sin que uno sepa cómo, abarcando cosas imposibles, ocupándose incansablemente de innumerables personas y asuntos, con una energía vital siempre renovada y una delicadeza siempre suave y misericordiosa para con los hermanos. Para los santos no parece haber fronteras ni limitaciones de tiempo, para amar el tiempo no corre.

Claro que es cierto aquello que decía Jorge Luis Borges, *estamos hechos de memoria y olvido*, porque no resistiríamos ser memoria absoluta, esa que atribuye san Agustín a Dios Padre quien sí puede reconocer y albergar a todos y cada uno en su amor misericordioso, pero nosotros no tenemos chance de abarcarlo todo y es conveniente que así sea y no caigamos en la soberbia de reemplazar a Dios; por eso el olvido viene en nuestro auxilio en esta peregrinación.

Sabemos sin embargo que, finalmente, la vida eterna es un abrir los tesoros de la memoria para que se hagan presentes para siempre, y entonces todo lo vivido en el amor será recuperado y celebrado, eso será posible porque el Señor expandirá nuestro corazón al máximo. (También aquí aplica el criterio de que lo escatológico debe confirmar lo temporal, es decir: mis reflexiones sobre el hoy, el aquí y ahora, debo confrontarlas en su sintonía con lo que espero al final). San Bernardo enseñó que:

"No manan con la misma abundancia el que ama y el que es el Amor, la creatura y el Verbo, la esposa y el Esposo: existe entre ellos la misma disparidad que entre el sediento y la fuente. Pero, según esto: ¿no tendría ningún valor el deseo, la vida, el anhelo, el ardor...? De ninguna manera porque la creatura, aun siendo inferior, ama con todo su ser, pone en juego toda su facultad de amar, y su amor total es equivalente...".

Es un modo de decir que recuperaremos el amor puesto en juego en la vida, y ya no se escapará como el agua entre los dedos, amaremos con todo nuestro ser, con el corazón libre y completo.

Los encuentros de escucha, momentos más o menos felices, con el correr del tiempo serán cubiertos por el polvo del olvido que borrará las figuras, pero todo aquello que se haya realizado en el amor volverá a la superficie de la memoria sin límites del Padre. *Lo que se haya vivido en el amor conformará la vida eterna.*

Mientras tanto, en el aquí y ahora, el corazón vivificado por el Señor es una fuente de aguas refrescantes, en las que *el que quiere ser escuchado encontrará tiempos sin medida,* los relojes serán fluidos como los de un cuadro de Dalí; y quien viene de visita encontrará una puerta; *un espacio sin límites de acogida* total para su ser.

Escuchar con el corazón implica poner la memoria entera a disposición de la escucha, aunque luego la empañe el olvido; escuchar con el corazón es poner todo el amor del que soy capaz en acto, aunque parezca que se escurre como arena. En la fe sabemos que más adelante nos encontraremos en la misma fiesta con los hermanos con quienes hemos cruzado caminos.

EL NIÑO QUE SOMOS

"Os aseguro que si no os convertís
y os hacéis como los niños ...".
Mt 18,3

Las referencias a la infancia por parte de Jesús son numerosas. Particularmente me gusta el diálogo con Nicodemo. Nacer de nuevo, nacer del agua y del Espíritu, el viento que sopla, la brisa del Espíritu, la luz que vino a los hombres que prefirieron las tinieblas, el amor de Dios que entrega a su Hijo único para que tengamos vida, una conversación sobre la vida y la luz en medio de la noche, que *siembra el deseo* en el corazón de Nicodemo, el maestro de la Ley que seguirá en penumbras hasta el final de los días de Jesús, pero ya no podrá congeniar con sus colegas que juzgan al inocente sin derecho a réplica, y finalmente como en un despertar ante la muerte será quien lleve los perfumes para la sepultura de quien le reveló la vida nueva del Reino.

Podríamos decir que Jesús, con toda la paciencia de aquella noche, lo había mirado con la misma ternura con que miró al joven rico que no se animó a dejar todo por seguir al "Maestro bueno", y desde entonces Nicodemo quedó prendado, con el corazón herido aunque sin dejar las redes ni la mesa del cambista, pero al final *se dejó engendrar de nuevo.*

A veces nos demoramos años para dejar asomar al niño que somos, se nos va el tiempo sin siquiera descubrirlo, años para liberarnos y que el viento interior sople, para que la luz del corazón ilumine nuestros ojos en medio de la oscuridad.

Y ni hablar de descubrir en los otros al niño que cada uno es; se trata de un ejercicio que recomiendo a todos mis alumnos, lo hemos intentado en algunos encuentros presenciales, con fotos de la infancia de cada uno, algo tan enriquecedor como interminable, hay que ensayarlo para darse cuenta.

El tema del redescubrimiento del niño puede explorarse en muchos ámbitos: ante el soldado armado y dispuesto a disparar, el enemigo ya vencido porta su propia foto de niño, ¿será capaz de dispararle?... *aprendamos a ver al niño en el rostro de cada ser humano.*

Pero en estos tiempos difíciles, donde se ve palmariamente que es más fácil disparar un misil que entablar un diálogo pacífico, quedamos pasmados ante el rostro de *los niños de la guerra.* Siempre están los niños, como víctimas, detrás de toda desgracia.

Y no podemos ocultar ni dejar de lamentar la cultura de la supresión de la infancia, de la obligación de saltarse esa etapa feliz, *la conscripción de soldaditos para el narcotráfico, la explotación infantil* muchas veces realizada por los propios padres, *el abuso de los niños* por parte de educadores. La confianza y candidez características de la infancia exponen a los niños a una indefensión total ante la maldad y el poder los mayores. A veces pienso en el juicio final como el revés de la trama, la desnudez de los protagonistas y la manifestación de aquello que llevó al sufrimiento a los inocentes.

De esta cultura de la negación y la explotación del otro, surgen los heridos de guerra que vienen a la escucha. Son también niños heridos y despojados de su infancia, que necesitan el abrazo del Padre y un espacio donde volver a su juego infantil. El corazón del hombre alberga *la raíz viva de la infancia, y es la sede del juego y la fuente de la alegría y del humor.*

Pero también *el corazón aloja de modo misterioso el horizonte de nuestra madurez;* a san Agustín lo desvelaba la meditación sobre la memoria y el tiempo en el interior del corazón humano. Si llevamos la inquietud hacia el final de nuestros días y creemos que se nos dará *un corazón nuevo,* podemos preguntarnos: ¿cómo será ese corazón nuevo que es la forma verdadera de cada uno? ¿Cuál será su raíz y qué horizonte tendrá? Lo imagino de tal forma modelado que su horizonte definitivo es la infancia, pero echa sus raíces en la tierra de nutrición abonada con la sabiduría de la madurez, tierra que Dios regará porque Él nos enseñará todas las cosas mientras juega con nosotros.

Al final de los días y al principio del día final el Señor querrá volver a jugar con nosotros, nos esperó todo el tiempo, mil años que para Él pudieron ser como un día, pero mil años de paciencia al fin para hallar la moneda extraviada y encontrar la oveja perdida. Estuvo de guardia en la puerta de la casa todo el tiempo de nuestro extravío, esperando descubrir nuestra silueta en el horizonte, hasta que viéndonos llegar, corre para abrazarnos, y ordena que comience la fiesta.

Es curioso, el niño se duerme porque está cansado, pero si por él fuera seguiría jugando, así debería ser nuestro espíritu, incansable, creativo, alegre, preparándose para el juego sin final.

Quien ha encontrado al Señor ya no tiene sed de otra cosa, y jamás se cansará de jugar el mismo juego, porque el Señor es sorprendente: cada vez el juego es nuevo, cada vez nos alegra más.

Si somos capaces de conmovernos con la sonrisa de un niño, podemos adivinar que *no hay nada más maravilloso que atisbar la sonrisa de Dios cuando juega con nosotros.*

La escucha tiene corazón de niño, con la curiosidad desinteresada típica del niño que ama el mundo que va descubriendo, y esta disposición *nos abre a la riqueza de la revelación del otro.* Quien tiene corazón de niño *recibe a su hermano como a un niño, y el que se acerca, sin temores y expectante, busca el abrazo de un niño amigo.* Quien escucha entra en el juego, paseando en el corazón de quien se abre y narra, siempre que haya comprendido que quien tiene delante es otro niño... que también quiere jugar.

GRATIS HEMOS RECIBIDO

"... porque para Él todo es posible".
Mc 10,27

Lo primero en todo el mundo cristiano es *la gracia*. Por supuesto, la gracia no es mensurable, no se pesa ni se cotiza ni se gana, ya que es, ni más ni menos, la vida del Espíritu de Dios en nosotros. En nuestro caso, en el contexto de la escucha, nos referimos a la gracia de haber sido escuchados por Dios y la gracia que nos permite escuchar a Dios y reconocerlo en su palabra. Luego, sobre el cimiento de esa gracia se construye el servicio de la escucha de los hermanos.

Hay que *aprender a abrir los oídos del corazón, para poder escuchar desde el corazón,* es un aprendizaje de toda la vida. *La escucha es una actitud y una actividad,* tener los oídos del corazón atentos a todo como *actitud* existencial, y abrirlos en cada ocasión para el hermano como actividad, para brindarle el espacio y el tiempo de nuestra vida para escucharlo.

Sin embargo, sería una tarea ímproba e ingrata pretender que sea labor meramente humana. No estamos hablando aquí de la escucha secular, sino de una escucha evangélica como dijimos al comienzo, para la cual habrá que orar como el rey Salomón pidiendo al Señor que nos conceda *un corazón capaz de escuchar* (cfr. 1Re 3,9).

Aprender a escuchar sin doblez de corazón: porque debemos escuchar a quien tenemos delante, cara a cara, con apertura leal, confiada y honesta. Para ello pedimos confiadamente al Señor la gracia de que jamás desbarranquemos en la escucha del otro, que no resbalemos en nuestro barro ni nos entretengamos en el ajeno; es pedirle lisa y llanamente que nos cuide y cuide a nuestros hermanos.

Aprender a escuchar con atención, paciencia y apertura: atención que no decaiga frente al aburrimiento, que no se distraiga en la maraña de acontecimientos narrados; paciente para esperar los desenlaces, o simplemente respetar los tiempos del otro, aunque se sufra y debamos mordernos la lengua para no anticipar respuestas; escucha abierta para dejarse sorprender por cada fragmento de luz y verdad que surge de la persona que estamos escuchando. La capacidad de asombro nos permite el verdadero descubrimiento del hermano y premia la paciencia que hemos tenido.

Siempre tendremos la duda de *si sabremos, si podremos, si aguantaremos, si habrá empatía, y qué haremos con la fe, y qué si nos preguntan algo, y si podré decir algo, y qué si no se termina, y cuántas veces* deberé escucharlo..., habrá como en todas las cosas preguntas sin respuesta, lo que no podemos hacer es ignorar o silenciar las preguntas, lo que sí podemos hacer es presentarlas ante Dios y ponerlas en sus manos: Él todo lo puede.

Oyendo al que visita iremos siendo el eco y espejo de sus propias luces y sonidos, oyéndolo y respetándolo, oyéndolo y admirándonos muchas veces de lo que nos está regalando, el otro se descubrirá digno de sí mismo, digno de Dios, digno de los hermanos, y todo ello será obra del Espíritu, porque para Dios todo es posible, y en la escucha que brindemos *Él se hará presente en medio de nosotros.*

EL DISCERNIMIENTO EN LA ESCUCHA

EL OLEAJE DE UN CORAZÓN QUE SE DERRAMA

> *"Delante del trono había*
> *como un mar transparente, como cristal".*
> Ap 4,6

Si nos gusta quedarnos frente al mar y mirar, oír y dejar volar la mente, percibimos el ritmo del oleaje en nuestro interior mientras vemos cómo dibuja sus contornos en la playa, va y viene dejando líneas en la arena y sobre ella algunos caracoles, piedras, espumas iodadas y restos de sus entrañas. La playa se viste con un volado de curvas que van y vienen, adornadas con todas esas cosas que dejó el agua.

Más cerca de la arena y más allá del mar, está nuestra vida, nosotros, nuestro enigma y nuestro deseo de paz: sea que divaguemos o meditemos seriamente, podemos dejarnos llevar por el movimiento de las aguas, el ruido más o menos estruendoso de las olas, la sensación de vaciedad y entrega que deja el estirarse de las aguas sobre la arena, hasta tal vez el temor a la profundidad lejana, sintiéndonos a merced de su fuerza... En ese ir y venir se mueven también nuestros pensamientos.

Si nos disponemos de igual modo en la escucha percibiremos un movimiento similar, el oleaje de un corazón que se derrama y se recupera, que deja salir las aguas de su interior, las vuelve a su fuente y nuevamente las deja salir de otro modo, que dibuja líneas diferentes cada vez, que nos entrega algunas piedras, y revela restos de monstruos de su profundidad.

En la escucha se siente el oleaje interior del otro, que poco a poco deja paso a la redundancia de sus latidos, los gemidos de su corazón, y finalmente a la letanía de la suave acción de gracias. Debemos acostumbrarnos a sentarnos frente al hermano como frente al mar inconmensurable, para escuchar primero su oleaje intempestivo y desordenado, esperar y alojar pacientemente sobre nuestra arena la redundancia con sus dolores, hasta que ya pacificado podamos disfrutar del gozo de su letanía.

JUGAR COMO EQUIPO

"Después vi una multitud enorme,
que nadie podía contar, de toda nación,
raza, pueblo y lengua,
estaban delante del trono y del Cordero".

Ap 7,9

A los directores técnicos del fútbol les gusta hablar de "la forma", si bien no aplicamos la misma semántica cuando hablamos de *la forma y figura de cada uno*, sin embargo, vale la pena aprovechar eso tan instalado popularmente para ver de un modo nuevo *lo nuestro*.

La *forma*; el estar "en forma" hace a lo colectivo en el deporte, como a lo comunitario en la Iglesia. El funcionamiento casi orquestal del equipo, se asemeja a la celebración litúrgica de la comunidad, y cantamos el Gloria, y el Santo, y pedimos piedad con el *Kyrie*, tantas veces como haga falta que gritemos los goles, los ¡uhh! por los yerros y que nos lamentemos por los goles recibidos...

Acabado el partido, el jugador de fútbol llevará su odisea durante el sueño o el insomnio de esa noche, y sus pensamientos serán según haya perdido o triunfado; más adelante analizará con el técnico y sus compañeros en qué funcionaron y en qué fallaron.

El cristiano debe integrar su vida en la celebración común, y abrazar la vida y la pena de sus hermanos; alabamos al Señor por todos, le damos gracias por todos, y pedimos perdón en nombre de todos. A veces iremos recordando a quién le debemos algo para arreglar cuentas con él antes de regresar al altar.

La liturgia tiene su propia sobria *formalidad*: un orden, un ritmo interior, un modo de organizar lo celebrativo, y así dibuja su impronta en la comunidad. La comunidad es según su celebración. San Pablo VI sabía mucho de esto y, luego de las reformas litúrgicas del Concilio, enseñó siempre a buscar en *la forma Fontal*, la alegría, la paz, el amor, la fiesta, la comunión, la súplica, el perdón, y repetía incansablemente que a la vista de una comunidad festiva y alegre el mundo no podía permanecer inmóvil.

Ocurre algo similar en el fútbol: cuando un equipo juega muy bien, y su fútbol es como un ballet, obliga a jugar mejor a los otros. En la Iglesia sabemos que lo que convierte al mundo es el testimonio del amor: *que sean uno para que el mundo crea*.

¡Hay equipo!... Cuando escuchamos al hermano, percibiremos *esa forma no personal, sino del equipo donde juega*: su contexto, su representación de aspiraciones colectivas, su ideología por supuesto, la liturgia que vive en lo cotidiano; y, a través de su testimonio, también estaremos escuchando a su familia, su historia, a su comunidad y mundo de su pertenencia y, si se da el caso, su iglesia.

El correcto discernimiento nunca nos debe conducir a suprimir *la forma diferente*, aquella que no sería la propia de "mi" dirección técnica, *la que yo considero para competir y pretendo que mis jugadores sigan*. La escucha cordial percibe la "forma" de procedencia del hermano y la celebra. "La comunión no es el resultado de estrategias y programas, sino que se edifica en la escucha recíproca entre hermanos y hermanas". Como en un coro, la unidad no requiere uniformidad, monotonía, sino pluralidad y variedad de voces, polifonía.

Cada voz del coro canta escuchando las otras voces y en relación a la armonía del conjunto. Esta armonía ha sido ideada por el compositor, pero su realización depende de la *sinfonía de todas y cada una de las voces*. Conscientes de participar en una comunión que nos precede y nos incluye, podemos redescubrir una Iglesia sinfónica, que manifiesta la armonía del conjunto que el Espíritu Santo compone.

El oyente de corazón suma una voz más al coro de su vida, a través de quien viene a contarse, llega una multitud con su historia, una nueva raza, una nación, un pueblo, una lengua que desconocía, y da gracias al Señor porque nos abre el corazón preparándonos para la comunión sin fronteras y sin fin que nos espera.

ESCUCHA Y ACOMPAÑAMIENTO

"Enséñame a escuchar para que sepa gobernar
a tu pueblo y discernir entre el bien y el mal".
1Re 3,9

Para poder ayudar a cualquier hermano en el camino de su vida, en sus elecciones, lo primero es escuchar.

Al final del Sínodo, el papa Francisco exhortaba al Pueblo de Dios a prepararse para una escucha que supone tres sensibilidades distintas y complementarias.

En primer lugar, *la atención*: atender al otro que nos habla y en sus palabras se entrega a nosotros, el signo de esta escucha es el tiempo brindado al hermano, no por caridad, sino de tal modo que el hermano *sienta que mi tiempo es suyo, y que lo aproveche* para expresarse como quiera, a su ritmo. Como la escucha del Señor, caminando a la par de los discípulos de Emaús, es *una escucha incondicional*, que no se ofende ni escandaliza, no se molesta ni se cansa. La escucha logra despertar en el otro la percepción de su dignidad, ya que se encuentra respetado con independencia de lo que exprese de sus ideas y de su vida toda.

En segundo lugar, *el discernimiento*, ante lo que escuchamos debemos preguntarnos: ¿qué me quiere decir el hermano?, ¿qué desea que yo comprenda íntimamente en eso que le está pasando? Intentando ver el punto donde se separan la gracia o la tentación, dónde la luz y la tiniebla, y dónde la cruz en la que deja todo. Percibir el orden de su explicación, su flujo, el enlace de sus pensamientos, el oleaje que –dijimos– no siempre es igual, y el tejido que sobre la playa va dejando un dibujo.

Oiremos las palabras salvadoras del Espíritu que propone la verdad, pero también descubriremos cierta lógica del mal, sus trampas y seducciones que arrastran al hermano con su mentira. En esta instancia *la escucha es profética a la par que extremadamente delicada*: hay que tener la valentía, el cariño y la ternura necesarios para ayudar al otro a reconocer la verdad y los engaños de la mentira.

En tercer lugar, *inclinarse a escuchar* los impulsos que el otro experimenta: descubriremos ahí la playa del hermano, sus arenas, sus pasos marcados en cierta dirección. Tras haber contado sus tormentas el mar se ha vuelto sereno, el pasado no resulta ya un peso incómodo, ahora queda el silencio y el anhelo de un horizonte, hay un rumor apenas audible como una brisa, ¿hacia dónde quiere ir el hermano?

El corazón desea, anhela, de algún modo gime, *está esperando del oyente una confirmación, no tanto de lo que debe hacer cuanto de la libertad de decidir*, la palmada en el hombro que anima a andar por sí mismo. Y también seguirá presente el misterio del mar profundo, el corazón y sus enigmas, y el oyente debe aliviar los temores, para que el hermano se anime a navegar sin fantasías mágicas, ni falso misticismo, sino con el realismo de sus limitaciones y el acompañamiento majestuoso del Señor a quien las olas obedecen.

Esta escucha es *atención a la intención última, que es la que en definitiva decide la vida*, porque existe alguien como Jesús que entiende y valora esta intención última del corazón.

Un buen discernimiento es un camino de libertad que hace aflorar eso único de cada persona, eso que es tan suyo que solo Dios lo conoce. Los otros no pueden ni comprender plenamente ni prever desde afuera cómo se desarrollará. Por eso, cuando escuchamos a los otros de ese modo, en determinado momento *debemos desaparecer y dejar que el hermano siga su camino descubierto, aunque vaya tanteando el Espíritu hará lo suyo.*

Pero para acompañar a otros en este camino, primero necesitas tener el hábito de recorrerlo tú mismo. María lo hizo, afrontando sus preguntas y sus propias dificultades cuando era muy joven. Que ella renueve tu juventud con la fuerza de su plegaria y te acompañe siempre con su presencia de Madre.

LA ESCUCHA
INÚTIL Y EFÍMERA

LA "INUTILIDAD" DEL AMOR

> *"... decid: somos siervos inútiles".*
> Lc 17,10

En la película italiana *Si me amas*, de 2019, los protagonistas están en el local llamado *Las charlas*, y quien lleva adelante la iniciativa del lugar dice al advenedizo que intenta saber cómo funciona la cosa:

> "Las charlas no envejecen, solo existen en el momento en que se pronuncian, después se van volando, son mágicas, no se rompen, no se desvanecen, y dichas en el momento justo te pueden salvar la vida. ¿Sabes qué?, a veces, a las personas las ayudas así: escuchándolas... Porque no basta con querer a la gente, también hay que escucharla".

La escucha, puesta así en términos tan simples, tiene algo de *la inutilidad del amor*. Se ama por amar, y el amor es su propio motivo y su recompensa. Se escucha para escuchar, ese es un modo de amor, no hay cálculos para la escucha, ni tiempos ni fronteras.

La escucha no lleva contabilidad de logros, solo se ha entregado y punto. Sin embargo, es activa porque es entrega, no es pasiva por limitarse a oír.

Somos conscientes de que el Señor alguna vez pasó por la plaza y nos llamó, ya no importa la hora en que lo hizo, en qué momento de nuestra vida irrumpió para convocarnos a trabajar por el Reino. Sí nos interesa, y mucho, el recuerdo celebratorio de las grandes cosas que el Señor hizo en nosotros al mirar nuestra pequeñez de esclavos. Pero *luego del "fiat" ya no hay cálculos ni balances que podamos realizar, solo hay que encarar la tarea, porque el único que sabe ponderar los frutos es el Señor.*

Sembraremos por los caminos del mundo, entre las piedras, en terreno infértil, rodeados de malezas, pero siempre habremos de sembrar, siempre escucharemos a los hombres con el mismo amor. Un día descubriremos que crecieron malezas y nosotros estaremos convencidos de haber sembrado buena semilla. Otro día nos ilusionaremos pensando que ese gran árbol de mostaza surgió de nuestra semilla... Ni lo uno ni lo otro, *siervos inútiles somos.*

EL APOSTOLADO DEL OÍDO

*"Cada uno debe estar pronto a escuchar,
pero ser lento para hablar".*
Stg 1,19

La obra más importante es "el apostolado del oído", escuchar antes de hablar. Ya vimos que la escucha es gratuita, y que el tiempo de la escucha no se mide, no corre, es dado y pertenece al otro.

Claro que la escucha es temporal, sí, y por ello tiene algo de efímero, fugaz, huidizo, perecedero... El que brinda el servicio de la escucha debe ser libre como el viento, con la libertad del Espíritu. No debe quedar amarrado entre la maraña de lo que oye, ni enamorado de lo que le es revelado. El oyente debe saber olvidar, lo que no es difícil. Estamos hechos de memoria y olvido dijimos, y casi es más fácil olvidar que recordar.

Es muy bueno saber olvidar, *el olvido es un mandamiento de respeto al hermano.* Por el contrario, quien lleva cuenta de las culpas es quien no sabe perdonar.

En una parroquia donde estuve, se escuchaban confesiones hasta la noche todos los días, servicio cubierto entre varios sacerdotes. A veces, yo subía a la casa parroquial cerca de las diez de la noche. Mi párroco, que era un santo varón y estoy seguro de que el Señor lo tiene en su Reino, esperaba en la casa para cenar juntos, y siempre esperaba con lo que a cada uno le gustara, sentado a la mesa de un comedor con un televisor al frente, que encendía para la ocasión... A mí me esperaba con el cenicero puesto sobre la mesa y su atado de cigarrillos a mano para que yo me sirviera a discreción y pasáramos un buen rato uno al lado del otro echando humo. La televisión encendida con los programas típicos de la noche, no había llegado el cable ni internet ni nada de eso, pasaban películas, foros de discusión periodística, o algún programa cómico subido de tono según los días. En mi caso, los martes, había de esto último, y yo miraba, y el cura también miraba, y soplábamos las volutas al aire, hasta que en cierta ocasión le pregunté: Cura, ¿está bien que miremos esto? y él me dijo: *Mira y olvida*. Claramente se refería a lo que traía en mi mente luego de escuchar horas de confesiones...

El antónimo de lo pasajero es lo permanente, lo durable, lo eterno: no pueden quedarse atados a nuestra memoria eternamente los detalles de las cosas que hemos oído; no podemos permanecer atados a la escucha del otro, ni el que habla puede permanecer atado a nosotros: sería indigno. Adán se escondió por vergüenza cuando supo de su desnudez..., pero el Señor lo vistió para que pudieran verse a los ojos nuevamente.

Un ministro de la escucha, un sacerdote confesor, jamás guardan facturas de nada. Y deben evitar por todos los medios posibles creerse directores de la vida de nadie. San Francisco de Asís escribió a uno de sus ministros:

> "Que no haya un hermano en el mundo que, por mucho que hubiera pecado, se aleje de ti sin haber contemplado tus ojos, sin haber obtenido tu misericordia, si es que la busca".

Varios años después llegué a confesarme con un anciano sacerdote jesuita, quien justamente había sido confesor de aquél párroco. Cuando me recibió en su habitación tenía un cenicero de pie colmado de colillas... Mi cura párroco me inició en el arte de conservar el buen recuerdo de las personas y olvidar todo lo demás.

LA PEOR TENTACIÓN:
QUITAR A DIOS DEL CAMINO

*Hay que acompañar procesos
y no imponer proyectos,
dice Francisco.*

Y aquí vuelvo sobre la película italiana *Si me amas*, mencionada más arriba. Precisamente antes de la crisis preparatoria del desenlace, el protagonista intenta arreglar la vida de la gente, y todo se descalabra.

Detrás de esas aparentes buenas intenciones que a todos nos surgen incluso haciéndonos sentir buenísimas personas, está la tentación de querer reparar la vida ajena, pretender haber comprendido todos los resortes de su historia y sus culpas y sentirse capaz de cargarlo como mochila propia, ver la prisión del hermano y creerse capaz de liberarlo... *Tentación que quita a Dios del camino*, único que comprende a fondo el corazón humano; *ignora la cruz de Cristo*, único capaz de cargarse la culpa que pesa sobre los hombros de los hermanos; *reniega del Espíritu y su gracia*, única fuerza movilizadora del corazón humano; y *falta el respeto al hermano y a su libertad.*

El oyente-omnipotente pretende instalarse como dios, redentor, y fuerza de voluntad capaz de cambiar la vida del hermano... una falacia, una gran mentira. En cambio, el que ejerce la escucha sabe que tiene una misión especial, casi vicaria: carga y lleva, escucha y obedece al Padre, escucha y sigue a Cristo, escucha al hermano y lo lleva a la Cruz en su oración. Pero eso *no le da derecho a pretender ser artífice de los cambios en la vida ajena*, ni a intentar monitorear su marcha, ni −bajo la ilusión del seguimiento espiritual− querer dirigirlo. No olvidemos jamás que el único y verdadero director espiritual es el Espíritu Santo de Dios.

A nosotros nos toca acompañar con sagrado respeto, con distancia delicada, con ternura contenida, con afectos medidos, con efusiones guardadas para la acción de gracias al Señor.

TODA ESCUCHA ES UN DIÁLOGO

EL ROL DEL SILENCIO

"Un abismo llama al otro abismo
con rumor de cascadas".
Sal 42,8

La escucha, aun cuando quien la ejerce permanezca en silencio, no excluye el diálogo entre las personas: toda escucha es un diálogo que de modos no audibles se instala en el encuentro.

Por otro lado, interesa en nuestro caso la consideración del *diálogo como encuentro:* no se ejerce la escucha sino entre dos. En todo encuentro de la escucha resuena la voz de los gestos, se escuchan los cuerpos, el entorno nos habla de algunas cosas, la luz y la oscuridad también son audibles.

Pero también interesa la consideración del *silencio como posibilidad,* en rigor solo existe como espacio donde se engendra la palabra. Luego de lo cual ya no hay silencio, ni en quien habla ni en quien escucha.

Seguramente tampoco conocemos el silencio total, como el que dicen *oír* los astronautas en el espacio exterior. Nuestros silencios son mensurables: todos son expresivos, en ellos se engendra la palabra y la música, en ellos asoma la luz y se nos oculta la oscuridad. *Una palabra habló el Padre desde el eterno silencio, que fue su Hijo, en él fueron dichas todas las cosas,* y desde entonces su voz ha de ser oída por todos los hombres.

En la escucha de Dios ya no hay silencio, él ha dicho su Verbo desde toda la eternidad, y *nunca cesa de pronunciarlo para nosotros.* Y ¿por qué creemos que en la escucha del hermano sí hay silencio? Insisto: en toda escucha de corazón hay un diálogo abierto.

Cuando nació el cine, durante más de treinta años fue *mudo,* fue la *era silente,* a lo sumo había pianos u orquestas que acompañaban la proyección con alguna música, a veces intentando sincronizar de algún modo el tema y el ritmo musical con las emociones de la representación. Los actores, mediante sus gestos y su expresión corporal, con cierto maquillaje expresionista y la vestimenta adecuada, nos hablaban en silencio. Ser espectador silencioso entonces era llenarse de impresiones sin duda visuales, pero también sonoras.

La imaginación en su acto reflejo suple la ausencia del sonido recreándolo en el interior de nuestra mente como si estuviéramos oyéndolo presencialmente. El rostro de quien grita mudamente toca nuestro corazón con ecos inaudibles que nos hacen vibrar.

La calidad visual de aquellas películas era tan buena que se producía perfectamente aquello de entrar en la caverna y ver el mundo desde allí con emociones contenidas. El cine era *mudo* entonces, pero había *diálogo con los espectadores.*

No hay cine sin espectador, la película tiene sentido solo si alguien la ve. El *cine como escultura del tiempo* (según el director ruso Andréi Tarkovsky) es la del tiempo que transcurre en el film y la del tiempo del que mira, *se esculpe el tiempo de la vida en el transcurrir de la película y se esculpe la película en el tiempo de vida que le ofrezco.* Finalmente, *el espectador realiza la película.*

Tampoco hay escucha de verdad, sin diálogo con quien oye. El oyente es quien da sentido a quien vino a contar algo y trajo su tiempo vital para compartirlo en el tiempo de quien le escucha. En el ejercicio de la escucha hay un oyente en diálogo silente.

DEJAR EL LOCUTORIO
PARA PODER DIALOGAR

"Oí una voz del cielo
como estruendo de muchas aguas...
y la voz que oí era como el sonido
de músicos que tocaban sus cítaras".
Ap 14,2

Hoy es común encontrar personas que deambulan por la ciudad hablando solas, los que rompieron su frontera psicológica para conversar en voz alta con un oyente imaginario, o tal vez en un diálogo exterior consigo mismos; y *aquellos que viven en un locutorio*, quienes no pueden caminar tranquilos sin recurrir al teléfono móvil y enviar mensajes todo el tiempo hasta que un automóvil casi los atropelle mientras cruzan distraídamente una calle, o porque –en su conversación telefónica– se detuvieron en el medio de una avenida para tomarse una *selfie* que mostrar a la otra parte... (cosas que he presenciado).

Todos con necesidad de hablar con otros. Todos llevando consigo ciertas presencias de los otros, virtuales o ficticias, quiero decir: reales o inventadas.

Ocurre otro tanto en la mesa familiar, o en las reuniones sociales, donde hay un *duálogo* o un *multílogo*, por así llamarlos, situaciones donde en rigor no hay comunicación interpersonal, sino que cada uno vuelca sobre el resto lo que le viene en gana, sin importar tampoco qué recepción tenga; es como si las personas se conformaran con vomitar y listo, después siguen comiendo. Es inconmensurable la necesidad de ser escuchados...

Cuando escuchamos al hermano, se proyecta una película compleja ante nosotros, con imágenes y sonidos, situaciones y protagonistas de diferente nivel, recorridos corrientes y desenlaces inesperados. En la escucha nos habla un solo hermano; sin embargo, nos sorprende la multiplicidad de voces que oiremos con el corazón y la mente.

El diálogo de la escucha se establece con todo ese horizonte, escuchamos la historia y los protagonistas, y también *intervenimos* de algún modo sobre ellos. La figura del otro se ha ido tallando en la materia invisible de nuestra imaginación junto con todo el grupo escultórico de su entorno: imaginaremos rostros, percibiremos voces diferentes, y así como se nos van grabando las palabras de su historia también oiremos cierta voz de los otros protagonistas de la trama, y hasta quizás podamos percibir también los feos ruidos de los temores que le aquejan y la alegría explosiva experimentada en ciertos momentos de su vida que nos revela a nosotros...

Pensemos que las palabras proferidas desde el corazón no pasan de largo por la vida de nuestros hermanos. Del mismo modo nuestros gestos y nuestra presencia serán para él la revelación de la paz y la alegría que anhela, o se retirará ofendido por la desatención de nuestra parte. Seremos responsables de lo que ocurra según haya sido nuestro *diálogo*.

Y lo que hayamos sembrado recorrerá la historia del hermano, nos incorporará a su película para mal o para bien, nos integrará en su guion. Llevará la alegría y el agradecimiento, o la herida y el pesar.

Toda escucha es un diálogo, aunque el oyente no hable. El que llegó con su tinaja hasta el pozo, percibirá el sentido de aquellas palabras *"Si supieras quién te pide de beber, tú le pedirías a él y te daría agua viva"* (Jn 4,10), y, al final del encuentro, dejará la tinaja junto al pozo, porque ya se abrió la fuente de agua viva en su corazón.

La escucha *es un diálogo distinto*. Fijémonos en Jesús, en los pasajes del evangelio, ¿en verdad hablaba tanto? Yo imagino que estaría atosigado por todas partes, las peticiones de curación y sanación interior, las preguntas de todo tipo –ingenuas o capciosas–, las acusaciones sobre otros, los intentos de ponerlo a prueba, las amenazas y la violencia...

Él no hablaba tanto, pero escuchaba todo: escuchaba lo que hablaban de frente y a sus espaldas, escuchaba las intenciones ocultas y los pensamientos... Pero cada vez fue internándose más en el silencio, hasta la cruz. Uno tiende a pensar que no, que el largo discurso de la cena, que la oración al Padre, que el diálogo con Pilato... Pero en realidad los diálogos finales tienen el formato del mundo, los personajes hablan en niveles diferentes, las per-

 © narcea, s. a. de ediciones

sonas no se comunican con lo que se dice, mientras Jesús responde a su Padre, y a lo que el Padre le ha dicho y pedido; y todo acaba en el silencio, en la entrega, en el amor del incomprendido que todo lo comprende. Tal vez por ello Jesús nos dijo: "que tu palabra sea sí, sí o no, no", para que no nos escapáramos del amor, del silencio del amor.

Quedarán las miradas y los gestos, el camino del calvario, las palabras desde la Cruz al Padre, a los condenados, a la madre, al discípulo, mientras le siguen diciendo cosas en el nivel del *duálogo*, Jesús está instalado definitivamente en el seno de su Padre, con quien habla y a quien escucha fielmente.

En la escucha pidamos la ayuda al Espíritu, para que con sus dones acompañe el encuentro, se pose sobre quien habla y sobre el oyente, y anime nuestro silencio con la comunicación profunda de la multitud de lenguas en un solo entendimiento de fe, esperanza y amor.

LA ESCUCHA DE LA SANTIDAD

"Dios no hace diferencia de personas y,
en cualquier nación, el que lo teme
y obra con rectitud es agradable ante Él".
Hch 10,34-35

Saludos a nuestros vecinos, los santos, debería-mos decir, como cuando san Pablo manda saludos a los santos que están en Colosas y en Filipos: todos somos miembros del misterio de la comunión de los santos que profesamos cada domingo.

El papa Francisco se ha expresado más de una vez sobre el tema de la santidad del vecino de al lado... Nos sorprenderemos con la luz de santidad que brilla en quien viene a ser escuchado. No importa que llegue con la intención de quitarse el barro de encima, luego asomará la lámpara encendida en el fondo de su corazón. Percibiremos lo que algunos denominan la santidad popular. Y la escucha será una lluvia de bendiciones para quienes oímos, la bendición del hermano llueve sobre nosotros.

Tengamos cuidado de lo mal que hemos aprendido el tema de los santos; la elección, la selección, la ejemplaridad y la perfección. A ver: los santos todos son hijos de su tiempo, independientemente de que perduren sus enseñanzas a través de los siglos, como la de aquellos designados "Doctores de la Iglesia" por ejemplo, que nos siguen enseñando. Lo normal no ha sido nunca que la Iglesia canonice a todos los hombres y mujeres muertos con "olor a santidad". Los santos canonizados y puestos para la devoción del Pueblo de Dios, son ejemplos escogidos para la oportuna devoción de los hombres del tiempo de su canonización. Las canonizaciones no vuelven al pasado para recomponer nada, sino que proponen ejemplos para el hoy, el aquí y ahora. La ejemplaridad de los santos tampoco es extensiva a todos los órdenes de la vida, hay modelos y perspectivas, no hay santidad total sino ejemplos de santidad, hay carismas, hay pinceladas del gran misterio de Dios y de su Hijo Jesucristo en cuyo seguimiento se destacaron los consagrados en santidad. Y, finalmente, los santos no son perfectos, ¡son santos!

Lo peor que podemos hacer a la Iglesia es embanderar un santo cual estandarte ideológico. A veces se percibe eso, el hombre común lo percibe doblemente. Sí, quisiera arrimarse a la fe, pero parece que hay criterios selectivos, fronteras demarcadas y entradas muy determinadas de antemano; no se recibe el testimonio de Jesucristo sino a través de cierta presentación o tradición de un santo en particular. Pero los modelos humanos que se proponen no parecen de alcance universal, *no hay sintonías necesarias, no todos los santos cumplen con las expectativas de todas las personas.* No cabe duda de las diferencias, ya lo hablamos al principio de este libro, ahora *debemos calibrar las consecuencias de la aceptación de tales diferencias.*

Convengamos que, si bien la Iglesia tiene una opción preferencial por los pobres, hay diferentes modos de encararla, no a todos les conmueve el carisma franciscano, por ejemplo. Mientras el trabajo por la humanidad y el mundo, las pastorales de segmentos particulares como la cárcel, el hospital, el cementerio, requieren esfuerzos específicos, hay quienes tienen una vocación contemplativa. Por otro lado, quienes están en monasterios o conventos, con la llamada "renuncia al mundo" no están huyendo del mundo como se ha mal entendido, sino engendrando un nuevo horizonte para ese mundo al que aman y por el que oran comenzando por los pobres, los enfermos, los presos, y los difuntos, y extienden la misión del evangelio más allá de las fronteras del claustro.

¡Todo esto es tan importante! Y no solamente para la escucha, sino para la vida misma y el amor a los hombres nuestros hermanos en la vida, y sobre todo *el amor a nuestros hermanos los santos en la comunión de vida.*

Muchas personas se acercarán a la escucha comenzando con el conocido "yo no creo en la Iglesia ni en los curas". Algunos hasta enojados con historias de malísima experiencia, otros con cierto rencor contra el Señor; claro que, en definitiva, todo enojo siempre termina acusando a Dios.

Claramente lo que convence al mundo es el amor. *Obviamente el ejemplo y la causa final de los santos es el amor.* Por ello el camino a la canonización ilustra los excesos del amor que han vivido. Pero tampoco nos equivoquemos con esto: no pensemos en personajes extraordinarios a tal nivel que son inalcanzables, no. Como decía san Agustín: si otros han podido, ¿por qué no yo?

Lo extraordinario se vive en lo ordinario; realizar lo cotidiano como lo eterno que debe ser hecho así. Realizar las cosas ordinarias, las de todos los días, de modo extraordinario, cual si fueran únicas y nuevas.

A cuento viene la anécdota de san Martín de Porres, cuando estaba barriendo el claustro y salen los frailes de la sala donde estuvieron dialogando sobre el fin del mundo y el juicio final, entonces le preguntan: *Martín, ¿qué harías si te dicen que hoy será el fin del mundo?*, y él contestó sencillamente lo único posible en un santo: *Seguiría barriendo.*

¿Qué escuchamos cuando oímos al hermano? ¿A quién recibimos para escucharle? Ya lo hemos dicho, historias del hombre y de su Dios, tierra sagrada con brasas de alguna zarza que ardió en ese corazón.

Comenzamos el libro hablando de las falsas antinomias y la complementariedad con todo el universo humano. Cerremos estas reflexiones con la consideración de la santidad desconocida, la santidad por descubrir, la inmensidad de las maravillas de Dios aún no cantadas, y animémonos a ir escribiendo el himno que al mundo le falta.

LA ESCUCHA GUARDA A LAS PERSONAS EN EL CORAZÓN

LA MEMORIA DEL CORAZÓN

"... Ella conservaba todas estas cosas en su corazón".
Lc 2,19

Dijimos que la escucha es temporal, que por tanto tiene algo de efímero y que la tiñe el olvido, ocultando cosas y referencias a nuestra memoria. Sin embargo, también dijimos que la vida humana está tejida de memoria, no solo de olvido.

San Agustín decía que la memoria nos emparenta con Dios Padre, puede guardar lo vivido en alguna de sus cavernas, hacer presente el pasado, retener de tal modo los acontecimientos y almacenar tantas imágenes que pueden vincularse en un juego sin fin como como en un caleidoscopio. La memoria tiene el poder de re-cordar, es decir: de traer de nuevo al corazón.

Pero también vimos que el relato que construye nuestra memoria no es siempre igual, ella no es idéntica a sí misma en su recuerdo, no es el disco duro de una computadora, es un nodo vivo en nuestro interior que en conjunción con la imaginación y la inteligencia combina y recrea. No modifica el día de nuestro nacimiento, o una fecha patria, sin embargo, sí cambiará permanentemente la radiografía vital de un ser amado. El recuerdo trae a nuestro corazón la figura del hermano de modos diversos, *el amado es siempre el mismo y siempre nuevo*.

Mi médico clínico, hombre mayor, te espera sin fichas y sin computadora, te saluda con un afecto cordial y paternalmente tierno, puede darte una sospecha de inseguridad, y cuando estás con él por ahí surge la pregunta interior: ¿sabrá quién soy...? Sin embargo, no hace falta que le hagas recordar nada, solo un par de palabras y arranca la conversación. Como para todo buen clínico lo importante es el paciente; te tiene bien presente, y de repente te sorprende con una pregunta de su memoria que recuperó una etapa de tu pasado de un modo nuevo, y en esa pregunta lleva la radiografía de tu vida entera.

Qué es lo que en la escucha permanece y qué es lo efímero: siempre importan las personas y no los hechos, el amor que el hermano haya manifestado, o el deseo de amar y ser amado, el amor que hayamos podido brindar, la misericordia en nuestra mirada, el dolor en la mirada del hermano...

Podremos olvidar todo lo escuchado, todos los detalles perderán encarnadura, incluso se nos olvidarán nombres y rostros, pero hay *algo que sí debe haber ocurrido durante la escucha para que haya valido la pena el olvido: que el oyente desnudo y sin vergüenza, porque sabe cuál es su barro, se conmueva hasta la médula con el dolor del hermano que habla,* se deslumbre con sus luces, se maraville por cómo el Señor se revela en esa historia, *todo es motivo de alabanza, acción de gracias y súplica.*

La impronta de la imagen que tuvimos delante marca nuestra memoria, sellándola con una figura que re-cordaremos una y otra vez cuando necesitemos ser rescatados. La anciana que dejó sus dos únicas monedas en la alcancía nos dará su mano vacía cuando queramos tender la nuestra hacia la riqueza; la mujer muchas veces perdonada nos quitará la convicción de justicia o santidad. *La escucha es sanadora del corazón oyente.* La escucha nos devolverá la humildad. La escucha finalmente nos enseñará el silencio.

MARÍA

"Que se cumpla en mí lo que has dicho".
Lc 1,38

Hubo una joven que tenía el corazón puro, inmaculado, la única mujer capaz de escuchar una voz angelical que nadie percibió antes; la única persona dueña de su libertad y de su silencio de modo pleno. La única que podía decir la única palabra esperada de todos los hombres y la creación entera presa de su ruido cotidiano.

Una madre sin temores que se dejó conducir por el Espíritu en medio de las turbulencias de un mundo hostil al proyecto de Dios, mundo del que ella no renegaba, al que en sus necesidades asistía, en el que sus fiestas celebraba, y cuyas leyes cumplía.

Su corazón inmaculado sería atravesado por una espada. El hijo luminoso de su vientre se lanzará libre a ese mundo que preferirá las tinieblas, hasta matarlo. Ella conservaba todas las cosas en su corazón, ella recordaba, meditaba, rumiaba en la oración.

Cómo sobrevivir recibiendo a otros hijos cuando le arrancaron el de su amor, cómo acompañar a estos hombres sordos cuando se ha oído la voz del ángel, cómo dar una mano a los ciegos de corazón para guiarlos en su caminar; ella solo los mira, jamás reclama para sí nada, jamás juzga, solo deja a Dios seguir siendo Dios y sigue caminando hasta que deba dormir, y que su Señor la despierte.

La escucha de corazón guarda a las personas y sus historias, las lleva ante el altar para ofrecerlas al Señor quien las devuelve a nuestra memoria con una figura nueva.

Y aprenderemos el silencio, el perdón y la misericordia, la mirada y la caricia, la ternura. *Y el recuerdo de esos hermanos nuestros provocará nuestra conversión.*

Guardemos todas estas cosas en el corazón, y volvamos ante el altar para agradecer tanta gracia.

COLECCIÓN ESPIRITUALIDAD
TÍTULOS PUBLICADOS